中国古代桥梁

王俊 编著

 中国商业出版社

图书在版编目（CIP）数据

中国古代桥梁／王俊编著 . -- 北京：中国商业出版社，2015.5（2022.7 重印）

ISBN 978-7-5044-8548-9

Ⅰ . ①中… Ⅱ . ①王… Ⅲ . ①桥-介绍-中国-古代 Ⅳ . ①U448

中国版本图书馆 CIP 数据核字（2015）第 117020 号

责任编辑：史兰菊

中国商业出版社出版发行

010-63180647 www.c-cbook.com

（100053 北京广安门内报国寺 1 号）

新华书店经销

三河市吉祥印务有限公司印刷

＊

710 毫米×1000 毫米 16 开 12.5 印张 200 千字

2015 年 5 月第 1 版 2022 年 7 月第 2 次印刷

定价：25.00 元

＊ ＊ ＊ ＊

（如有印装质量问题可更换）

《中国传统民俗文化》编委会

序 言

    中国是举世闻名的文明古国,在漫长的历史发展过程中,勤劳智慧的中国人创造了丰富多彩、绚丽多姿的文化。这些经过锤炼和沉淀的古代传统文化,凝聚着华夏各族人民的性格、精神和智慧,是中华民族相互认同的标志和纽带,在人类文化的百花园中摇曳生姿,展现着自己独特的风采,对人类文化的多样性发展做出了巨大贡献。中国传统民俗文化内容广博,风格独特,深深地吸引着世界人民的眼光。

    正因如此,我们必须按照中央的要求,加强文化建设。2006 年 5 月,时任浙江省委书记的习近平同志就已提出:"文化通过传承为社会进步发挥基础作用,文化会促进或制约经济乃至整个社会的发展。"又说,"文化的力量最终可以转化为物质的力量,文化的软实力最终可以转化为经济的硬实力。"(《浙江文化研究工程成果文库总序》)2013 年他去山东考察时,再次强调:中华民族伟大复兴,需要以中华文化发展繁荣为条件。

    正因如此,我们应该对中华民族文化进行广阔、全面的检视。我们应该唤醒我们民族的集体记忆,复兴我们民族的伟大精神,发展和繁荣中华民族的优秀文化,为我们民族在强国之路上阔步前行创设先决条件。实现民族文化的复兴,必须传承中华文化的优秀传统。现代的中国人,特别是年轻人,对传统文化十分感兴趣,蕴含感情。但当下也有人对具体典籍、历史事实不甚了解。比如,中国是书法大国,谈起书法,有些人或许只知道些书法大家如王羲之、柳公权等的名字,知道《兰亭集序》

是千古书法珍品,仅此而已。

再如,我们都知道中国是闻名于世的瓷器大国,中国的瓷器令西方人叹为观止,中国也因此获得了"瓷器之国"(英语 china 的另一义即为瓷器)的美誉。然而关于瓷器的由来、形制的演变、纹饰的演化、烧制等瓷器文化的内涵,就知之甚少了。中国还是武术大国,然而国人的武术知识,或许更多来源于一部部精彩的武侠影视作品,对于真正的武术文化,我们也难以窥其堂奥。我国还是崇尚玉文化的国度,我们的祖先发现了这种"温润而有光泽的美石",并赋予了这种冰冷的自然物鲜活的生命力和文化性格,如"君子当温润如玉",女子应"冰清玉洁""守身如玉";"玉有五德",即"仁""义""智""勇""洁";等等。今天,熟悉这些玉文化内涵的国人也为数不多了。

也许正有鉴于此,有忧于此,近年来,已有不少有志之士开始了复兴中国传统文化的努力之路,读经热开始风靡海峡两岸,不少孩童以至成人开始重拾经典,在故纸旧书中品味古人的智慧,发现古文化历久弥新的魅力。电视讲坛里一拨又一拨对古文化的讲述,也吸引着数以万计的人,重新审视古文化的价值。现在放在读者面前的这套"中国传统民俗文化"丛书,也是这一努力的又一体现。我们现在确实应注重研究成果的学术价值和应用价值,充分发挥其认识世界、传承文化、创新理论、资政育人的重要作用。

中国的传统文化内容博大,体系庞杂,该如何下手,如何呈现?这套丛书处理得可谓系统性强,别具匠心。编者分别按物质文化、制度文化、精神文化等方面来分门别类地进行组织编写,例如,在物质文化的层面,就有纺织与印染、中国古代酒具、中国古代农具、中国古代青铜器、中国古代钱币、中国古代木雕、中国古代建筑、中国古代砖瓦、中国古代玉器、中国古代陶器、中国古代漆器、中国古代桥梁等;在精神文化的层面,就有中国古代书法、中国古代绘画、中国古代音乐、中国古代艺术、中国古代篆刻、中国古代家训、中国古代戏曲、中国古代版画等;在制度文化的层面,就有中国古代科举、中国古代官制、中国古代教育、中国古代军队、中国古代法律等。

此外,在历史的发展长河中,中国各行各业还涌现出一大批杰出人物,至今闪耀着夺目的光辉,以启迪后人,示范来者。对此,这套丛书也给予了应有的重视,中国古代名将、中国古代名相、中国古代名帝、中国古代文人、中国古代高僧等,就是这方面的体现。

生活在 21 世纪的我们,或许对古人的生活颇感兴趣,他们的吃穿住用如何,如何过节,如何安排婚丧嫁娶,如何交通出行,孩子如何玩耍等,这些饶有兴趣的内容,这套"中国传统民俗文化"丛书都有所涉猎。如中国古代婚姻、中国古代丧葬、中国古代节日、中国古代民俗、中国古代礼仪、中国古代饮食、中国古代交通、中国古代家具、中国古代玩具等,这些书籍介绍的都是人们颇感兴趣、平时却无从知晓的内容。

在经济生活的层面,这套丛书安排了中国古代农业、中国古代经济、中国古代贸易、中国古代水利、中国古代赋税等内容,足以勾勒出古代人经济生活的主要内容,让今人得以窥见自己祖先的经济生活情状。

在物质遗存方面,这套丛书则选择了中国古镇、中国古代楼阁、中国古代寺庙、中国古代陵墓、中国古塔、中国古代战场、中国古村落、中国古代宫殿、中国古代城墙等内容。相信读罢这些书,喜欢中国古代物质遗存的读者,已经能掌握这一领域的大多数知识了。

除了上述内容外,其实还有很多难以归类却饶有兴趣的内容,如中国古代乞丐这样的社会史内容,也许有助于我们深入了解这些古代社会底层民众的真实生活情状,走出武侠小说家加诸他们身上的虚幻的丐帮色彩,还原他们的本来面目,加深我们对历史真实性的了解。继承和发扬中华民族几千年创造的优秀文化和民族精神是我们责无旁贷的历史责任。

不难看出,单就内容所涵盖的范围广度来说,有物质遗产,有非物质遗产,还有国粹。这套丛书无疑当得起"中国传统文化的百科全书"的美誉。这套丛书还邀约大批相关的专家、教授参与并指导了稿件的编写工作。应当指出的是,这套丛书在写作过程中,既钩稽、爬梳大量古代文化文献典籍,又参照近人与今人的研究成果,将宏观把握与微观考察相结合。在论述、阐释中,既注意重点突出,又着重于论证层次清晰,从多角度、多层面对文化现象与发展加以考察。这套丛书的出版,有助于我们走进古人的世界,了解他们的生活,去回望我们来时的路。学史使人明智,历史的回眸,有助于我们汲取古人的智慧,借历史的明灯,照亮未来的路,为我们中华民族的伟大崛起添砖加瓦。

　　是为序。

傅璇琮

2014 年 2 月 8 日

前　言

　　中国是桥的故乡，自古就有"桥的国度"之称，发展于隋，兴盛于宋。遍布在神州大地的桥、编织成四通八达的交通网络，连接着祖国的四面八方。中国古代桥梁的建筑艺术，有不少是世界桥梁史上的创举，充分显示了中国古代劳动人民的非凡智慧。

　　中国古桥，按照类型可分为浮桥、梁桥、索桥、拱桥，按照作用可分为栈道桥、纤道桥、阁道桥、园林桥等，其所使用的材料则有土、木、砖、石、竹、铁等。中国古桥，涵盖着千百年来优秀的技艺：七千年前就有卯榫结构技术，春秋战国时期有折边技术，汉代有桥梁软土地基、小桩密植基础技术，晋代有半圆拱技术，隋代有圆弧敞肩拱桥技术，宋代有链锁纵联并列拱桥建造技术和贯木拱桥建造技术，明代有超时代的悬链线拱桥建造技术、海口大型闸桥建造技术。这些桥梁技术水平在当时都处于世界领先地位。

　　桥不仅仅只是一个交通的载体，它还是某些战役的发生地。它见证了中国历史上一场场波澜壮阔的风云际会，它也因此而满身沧桑、富有风情。

　　中国古桥拥有世界上最先进的科学技术。安济桥在世界上最先采用了矢跨比较小的圆弧石拱，来代替常用的半圆形拱，开创了世界敞肩型拱桥之先河。洛阳桥跨海而立，首创种植牡蛎保桥法。楼殿桥一桥飞架两山，凌空之势绝然。而十字桥则从古画中走出来，描绘出佛国的仙境。

　　斜桥曲水，画桥碧水。桥，成了中国园林中不可或缺的建筑，几乎无园不水，无水不桥。桥连接着不同区域，造成视觉上的递进，瓦解了水面的单调，增加了园林风韵，起到了画龙点睛、点缀园林的作用。

　　一座桥，桥下水脉脉，桥上人踟蹰。桥，带给每个人不同的思绪。"唐宋八大家"之一的欧阳修（1007～1072年）说："独立小桥风满袖。"一个人静静地站立在小桥上，任凭微凉的晚风灌满宽大的衣袖，桀骜不驯，风流倜傥，那情状意态多么潇洒自得啊！而"元曲四大家"之一的马致远，则描绘出"枯藤老树昏鸦，小桥流水人家，古道西风瘦马。夕阳西下，断肠人在天涯"的悠远意境。一匹枯瘦的马，慢慢行走在千年古道之上，两旁是零乱的杂草和纠缠不清的枯朽藤蔓，以及干瘪老树的身影，黄昏的乌鸦一群群从头顶飞过；路尽头，一湾河水缓缓流淌，河上有一座弯弯的小桥，桥的另一边隐约可见几栋茅屋，茅屋上炊烟袅袅。一个跋涉千里的旅人，在孤独与落寞当中，看到这样一座小桥，就如同找到了一个归宿，那该是一件多么令人欣慰的事情啊！

　　这些各种各样的桥梁作为古代工程技术发展的结晶，千百年来不仅沟通着交通要道，维系着经济贸易的命脉，同时也传承着中国深厚的传统文化，反映了古人的建筑技术和审美情趣。这些古桥以或雄伟，或轩朗，或柔美的身姿点缀着锦绣河山。本书旨在全面介绍中国历史上具有重要历史地位的中国古桥，以及相关的重大历史事件和人物故事，从而在更深层次上挖掘古桥景观的历史文化价值。

目录

第一章 中国古代桥梁漫谈

第二章　华东地区的古桥

第三章　华中地区的古桥

第四章　华南古桥

第五章　华北古桥

第六章　西南古桥

第七章　西北与东北古桥

中国古代桥梁漫谈

中国的地理环境复杂，山河众多。山川阻隔，给人们的生产生活带来不便，于是出现了桥梁这一重要的交通建筑。经过中华人民数千年的创造和发展，桥梁建筑取得了辉煌的成就。在种类上，有木梁桥、石拱桥、舟桥、索桥等。在数量上，大江南北，平原丘陵，星罗棋布，数量惊人。在技术上，巧夺天工，神奇卓绝，享誉中外。因此，中国古代桥梁不仅是交通的重要组成部分，也是我国建筑史上的瑰宝。

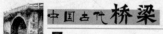

第一节
桥梁的产生与发展

桥梁的产生

简单地说，桥便是凌空架起的道路。建桥最主要的目的，就是为了解决跨水或者越谷的交通问题，以方便人们通行，便于物资的运输。从其最早或最主要的功用来说，桥应该是专指跨水凌空的道路。《说文解字》中段玉裁对此的注释是："梁之字，用木跨水，今之桥也。"说明桥的最初含义是指架木于水面上的通道，以后才逐渐扩展为架在悬崖峭壁上的"栈道"和架于楼阁宫殿间的"飞阁"等天桥形式。在现代社会，桥在城市交通中更是发挥着重要作用，平地而起的立交桥，贯通东西南北，不仅有助于缓解交通拥堵，还成为现代化城市中一道亮丽的风景。

我国古代桥梁的科学技术，一直走在世界桥梁建筑的前列，许多桥梁样式如今仍继续对世界近代桥梁建筑产生着影响。同时，这些桥梁又是活的文物瑰宝，记载着许多珍贵的资料。

根据考古资料推断，我国早在原始社会可能就有了简易的桥梁。如西安半坡新石器时代的村落遗址周围，挖有一条深宽各五米的壕沟，其目的原是为了防御野兽的伤害和外部落的侵袭。但行人通过的时候，则必须要借助于桥梁。从当时原始人群的房屋建筑已普遍使用木柱木梁上来看，架设简易的桥梁完全有可能。但这毕竟是一种推断，由于普通木质难以久存，所以至今未有考古实物可证。要探讨中国桥梁的起源，还需从古文献的记载开始。

根据古代文献记载，中国桥梁最早出现在尧、舜、禹时代。据《考工典》第三十四卷《拾遗记》载："舜命禹疏川奠岳，济巨海，鼋鼍以为梁。"鼋鼍是脊椎动物中的爬行类，本性贪睡，长年闭目，潜在水中如同砾石，因此，

洛阳桥——举世闻名的梁式海港巨型石桥

古人习惯上把砾石称为鼋鼍。由此看来，"禹济巨海"并非神话传说，而是用砾石筑起可通行的桥梁。这种用石头垒起来的桥梁，古人称为"衙"。在当时，由于生产力水平低下，垒石为梁是一种主要的渡水设施，造桥的方法只能是在水中堆起一条长堤，这在现在建筑学上被称为堤梁式石桥。

　　据历史文献记载，在西安半坡村距今五六千年前的原始社会村落遗址中，发现了原始的木梁桥。历史上记载最早的、具有真正建筑意义的桥梁，是距今3000多年前的渭水浮桥，这是周文王为迎亲而临时搭建的，《诗经》中也有周文王在渭水上"架舟为梁"的描写。而公元前257年修建的山西蒲州的黄河大浮桥，则充分显示出我国古代先民建桥技术的高超成就。

先秦时期的桥梁

　　夏、商、周时期，随着社会经济的发展和生产力水平的提高，桥梁建筑日益增加，文献中关于桥梁的记载也多了起来。由于桥梁建设的快速发展，夏、商、周三代之间不乏著名的大桥。商代在首都朝歌（今河南淇县）建造了著名的大桥——巨桥，东汉许慎注："钜鹿水之桥也。"自周至春秋、战国时代，桥梁建设已经相当普遍。秦国有灞桥，建于灞水之上；还有河桥，建在黄河之上，《史记·秦本纪》载："秦昭襄王十年，初作河桥。"这很有可能是春秋战国时期黄河中上游的第一座桥梁。特别是四川盆地，桥梁建筑比中原地区多很多。秦时李冰治蜀，在兴建水利工程中，就建有七座桥梁，历史上把这七桥比作"七星"。汉代文学家扬雄《蜀记》中曰："一长星桥，今名万里；二员星桥，今名安乐；三玑星桥，今名建昌；四夷星桥，今名笮桥；五尾星桥，今名禅尼；六冲星桥，今名永平；七曲星桥，今名升仙。"除秦国之外，其他诸侯国也建有不少桥梁。如晋国的汾桥，《史记正义》记载："汾桥下架水，在并州晋阳县东十里。"

当时，著名的大桥还有溴梁（今河南济源县溴水上），《尔雅·释地》中云："梁莫大于溴梁。"还有一些其他的记载也可反映春秋战国时期桥梁建筑的普遍。《庄子·马蹄篇》云："至治之世，山无蹊遂，泽无舟梁。"意思是说，凡是人间之世，山中不能无路，川上不能无桥。1976年湖北云梦泽出土的秦墓中，墓主安陆令吏喜的手中握有为吏之道的竹简，其中重要的一条就是"千（阡）佰（陌）津桥"，可见建设桥梁是当时地方官吏的一大职责，这也奠定了桥梁快速发展的基础。

自周至战国期间桥梁的发展不仅在于数量之多，更重要的是对我国古代桥梁种类的创立奠定了基础。这一阶段不仅出现了原始的石堤桥梁，开启了后代石桥建筑之先河，而且出现了简支木质桥梁，为后世的木柱木梁式桥梁打下了基础；同时还创立了舟桥和索桥这两大桥梁类型。舟桥是浮桥的一种，是在不能修建固定桥梁的条件下和在技术条件有限的情况下产生的。这种桥梁在先秦时已经产生，《诗经》中所谓"亲迎于渭，造舟为梁"，指的就是首尾相接的这种浮桥。《初学记》中对此解释说："凡桥有木梁、石梁，舟梁谓浮桥，即诗所谓'造舟为梁'者也。"浮桥最早产生于周代，至春秋战国时增多。周代所造浮桥根据人的地位来定大小，"天子造舟，诸侯维舟，大夫方舟"。造舟是用许多船连接起来，维舟是用四船连在一起，方舟是两只船，故《尔雅》注曰："造舟比船为桥，维舟连四船，方舟并两船。"其中造舟只有天子才能使用，"造舟为梁，文王所制，而周世遂以为天子之礼也"。浮桥的建造方法就是把许多船首尾相接排列在河上，用绳索固定，然后上面放有木板供人通过。与浮桥同等地位的索桥，也是由于河流急湍，地理环境险恶，无法架设木桥、石桥和浮桥而产生的。索桥又称绳桥，最早用藤萝为索，后来发展到以竹为索和以铁为索链。竹索古作"筰",因而索桥又称筰桥。索桥产生于战国时期,在秦国李冰所造的七桥中,筰桥就是一座较为知名的索桥。特别是在我国少数民族地区,在有史记载以前就用索桥过河,故川滇一带的少数民族在汉代以前就称索桥为邛筰。总的来说,先秦时期是我国古代桥梁发展史上一个重要的时期,木桥、石桥、浮桥、索桥四种重要的类型都在此时产生,为以后桥梁的发展演变奠定了重要的基础。

知识链接

汾桥

相传,汾桥为战国初期晋国刺客豫让为其主智伯报仇而谋刺晋大夫赵襄子的地方。晋人豫让,甚受智伯宠爱,赵襄子灭智伯后,他便决心为智伯报仇。于是,他藏在赵襄子要经过的汾桥下准备行刺赵襄子。但赵襄子走到桥上马突然受惊,赵襄子说桥下必定是豫让,派人查看果然不假。唐王昌龄《驾幸河东》诗曰:"晋水千庐合,汾桥万国从。开唐天业盛,入沛圣思浓。下辇回三象,题碑任六龙。睿明悬日月,千岁此时逢。"

秦汉魏晋南北朝时期的桥梁

秦汉时期,中国从混乱的割据称雄状态中进入大一统时代。全国的统一,更促使了古代帝王对桥梁建筑的重视。国家把建造桥梁作为地方官吏的主要政绩之一,用桥梁的修建与否来判断官吏的能力。所以,秦汉时期的桥梁比先秦又有较大发展。首先,桥梁的建筑在全国各地广泛推广普及,建桥活动先后在各地兴起,因而著名的大桥如雨后春笋般不断增加。如关中地区的中渭桥、西渭桥、东渭桥、灞桥、浐桥、沣桥,在中国桥梁史上都有着重大意义;江浙地区的皋桥、顾家桥、苕溪桥,也名列青史。其次,秦汉时对春秋战国时期的梁柱式桥梁进行了发展。秦始皇二十八年(公元前219年),东巡

川西古代索桥

山东，就曾经规划要跨海造桥。

产生在春秋战国时期的梁柱式桥，很少有石柱石梁式，大多是木柱木梁，从这个意义上说，这是对前代简支桥梁的一大发展。这时候关中的渭桥、灞桥等多属这种形式，由此，石梁石柱式桥梁成为秦汉之后中国古代桥梁中一大种类。

魏晋南北朝时期，战乱不止，桥梁遭到了严重破坏。但是在短期的安定情况下，统治阶级并没有停止建桥活动，并且在这一时期还出现了石拱桥和伸臂式桥梁，这在中国桥梁建筑史上有着重要意义。

《水经注·榖水》中记载说："其水又东，左合七里涧……涧有石梁，即旅人桥也……悉用大石，下圆以通水，可受大舫过也。奇制作，题基上云：'太康三年十一月初就功，日用七万五千人，至四月末止'。"由此可以看出，旅人桥是一座气势雄伟、制作精细、费工极大的大型石拱桥。如此规模的石拱桥在秦汉史籍中从未见过，算得上是中国石拱桥的一个伟大开创。这时期产生的伸臂式桥梁也是从简支桥梁发展而来的。石柱石梁式桥梁由于受材料的限制，跨度不能太大，否则就会弯曲折断；立柱太密会影响水流和水上船只往来，过稀则经不起水浪冲击。为了避免这种缺陷，经过改造便创造了伸臂式桥梁。伸臂式桥梁最早见于段国的《沙州记》，此书中记载："吐谷浑于河上作桥，谓之河厉，长百五十步，两岸累石作基陛，节节相次，大木纵横更镇压，两边俱来，相去三丈。并大材，以板横次之，施构栏，甚严饰。桥在清水川东。"沙州位于今甘肃省安西县至新疆吐鲁番之间，清水河自宁夏固原西北流至石空寺入黄河。这座桥虽然没有标明建筑年代，但据书中"吐谷浑"这种称谓可知应是汉以后、魏晋时期建造的。魏晋南北朝时期产生的这两种新型桥梁，成为隋唐以后桥梁的主流，遍布于全国各地，江南以石拱桥为主，甘肃境内以伸臂式桥梁为盛。

知识链接

秦始皇造桥观日

《山东通志》(《三齐略记》) 中记载说:"东海水中有竖石,往往相望,似石桥。又有石柱二,乍出乍没。"传说秦始皇为观看日出,决定在海上造桥。海神为他驱石竖柱,始皇感其恩惠,要求面见海神,当面答谢。海神说自己面目丑陋,如果秦始皇答应不将他的样子画下来,便与始皇相会。始皇答应之后,入海四十里,与海神相见。不料手下人左右偷画神像,海神发怒而去,秦始皇刚上岸桥就崩塌了。这一记载有两种可能:一是以神话附会秦始皇;二是秦始皇统一六国后,想要造桥表功,但是过高地估计自己的力量以致海中造桥失败,于是便用神话来掩饰。

隋唐及其之后的桥梁

隋唐时期,桥梁发展的突出成就表现在三个方面:

第一,在发展单拱石桥中做出了重大贡献,如隋代赵州的安济桥。此桥是我国单拱石桥的精华和最高水平的代表,在古今中外都占有重要地位。

第二,创建了联拱式桥梁。我国的石拱桥自晋太康年间 (208～289 年) 出现后,一直局限于单拱形式上,直至隋唐时期,才产生了联拱石桥,保留至今的就是清水石桥。此桥在东平县西 1.5 千米,隋代仁寿元年 (601 年) 建造,造型工巧,长 4500 尺。这座桥属于多孔桥,跨度较小,但规模比安济桥大,石工雕刻不相上下。联孔桥的产生,是对单拱桥的重大发展,为唐和唐以后的桥梁建设开辟了又一个新局面。

第三,薄墩薄拱桥的出现。所谓薄墩,就是多孔拱桥中,相邻两孔间的桥墩厚度极薄。这种形式的拱桥多出现在南方,因为北方洪水流速大,冬季流冰撞击严重,桥墩不宜太薄。而南方水流比较平缓,没有冰撞现象。多拱

屋桥

桥之间的拱石因墩薄而靠近，各拱之间相互的推力可以保持平衡，这样就能节省材料。文献资料记载我国薄墩拱桥大约起源于唐代。今故宫博物院珍藏的唐代李昭道的《曲江图》中，就绘有一座三孔薄墩薄拱石桥。李昭道是唐宗室李思训之子，生活在开元年间（713～741年），以山水画著名。由此可以看出，该桥梁在唐开元以后已是司空见惯。薄墩拱桥既节省材料，又可平衡各拱间的推力，无疑是石拱桥建设中的一大技术进步。同南北朝时期相比，中国古代桥梁到隋唐时期已进入了繁荣阶段。

到了宋、辽、金、元时期，我国古代桥梁从隋唐时的繁荣期进入了全盛期。其一是桥梁的种类已是非常齐全，有单拱桥、联拱桥、石柱石梁桥、伸臂式桥、叠梁桥、开合式桥、飞梁桥、屋桥、浮桥、索桥等，应有尽有，这在以往任何朝代都是达不到的。其二是著名的大型桥梁遍布全国各地，如汴桥、万安桥、安平桥、广济桥、卢沟桥等，不胜枚举，各负盛名，在历史上都具有一定的地位。其三是在造桥技术上有了很大突破，如飞梁、开合式石桥、立体交叉式浮桥等，都显示着技术的成熟。纵观这一时期的桥梁发展，各种桥梁建筑都取得了辉煌灿烂的成就。

明、清时期是我国封建社会的末期，桥梁建设受当时政治和经济环境的影响，多延用前代的形制，没有多大创新。但也并不是一无进取，还是做出了不少的成绩。首先，对前代的桥梁进行了大量的维修和重建，在方便了交通的同时，也保护了前代的桥梁建筑和先进技术，为研究前代桥梁增添了丰富的资料。其次，依照宋、元时期的风格新建了不少桥梁，许多精美的桥梁保存至今。最后，桥梁建筑技术也有一些新的发展，如在建造中已经形成了固定的格式，工料计算相对准确。另外，值得提出的是，石拱桥实现了多样化，除保持了原有的半圆、弧形外，又发展出多边拱、马蹄拱、尖顶拱、蛋形拱和椭圆拱，使拱桥的种类更趋繁复丰富。

知识链接

什么是镇水兽

我国自古以来就洪灾频繁。据史料记载，自公元前206年至公元1949年的2155年间，就发生较大的水灾1092次，平均每2年一次。由于古代科学技术落后，人们往往把降服水患的希望寄托在一些神物身上，如铁牛、铁狮子、铁龟等。还有一种叫螭，传说中的龙生九子之一，嘴大，肚子能容纳很多水，在建筑中多用于排水口的装饰，称为螭首散水。

第二节
古代桥梁的类型

我国古代桥梁大致有梁桥、拱桥、索桥、浮桥四种基本形式，下面分别加以简单介绍。

梁桥

梁桥古称平桥，是我国古代出现最早而且使用最普遍的桥梁构造。梁桥的结构较为简单，外形平直，相对容易建造，而且也便于维修。把木头或石梁直接架设在沟谷河流的两岸，就成了梁桥。直到现在，除特大跨度的桥梁外，梁桥仍然是桥梁设计中优先考虑的结构体系。

花桥

早在原始社会，我国就有了独木桥和数根圆木排拼而成的木梁桥。战国时期，梁桥不但有了单跨和多跨之分，从材料上看也有了木、石的差别。北魏郦道元的《水经注》中记录了在山西省汾水上有一座始建于春秋时期晋平公时的木柱木梁桥，桥下有 30 根柱子，每根柱子直径 5 尺。这是见于古书记载的最早的一座梁桥。而坐落在咸阳故城附近的渭水三桥——中渭桥、东渭桥和西渭桥则是古代著名的多跨木梁木柱桥。在之后的相当一段时期内，石梁桥不断得到发展。唐朝时建造的许多石梁桥都十分有名，为后世所瞩目，其中河南洛阳的天津桥、永济桥和中桥以及西安的灞桥是其中最著名的四座。而宋代大石梁桥——洛阳桥的建成更掀起了一股建桥热潮，洛阳桥也因其 834 米的桥长而获得"天下第一桥"的美誉。宋朝的梁桥除了在长度方面有了较大的发展外，还出现了石梁石墩桥。这种梁桥无论在长度、跨度、重量、建造速度、施工技术、桥型和桥梁基础等方面都达到了新的水平，在中外建桥史上占有重要地位，比较突出的以坐落在福建晋江市的安平桥和位于漳州市的虎渡桥。

随着社会生产力的不断发展，梁桥的形式也在不断变化。在江南地区人们常常把梁桥建造成中间孔高大、边孔低小的八字式或台阶式，两边桥头还砌有外观非常别致的几级台阶踏步，以便引人上桥。另外，还出现了一种与河流平行的纤道桥。而在西北地区则出现了伸臂木梁桥，这种桥采用圆木或方木纵横相隔叠起，由岸边或桥墩上层层向河谷中心挑出，犹如古建筑中的层层斗拱，当地人称这种桥为"飞桥"。有的地方还在桥上建造桥屋或桥廊，屋廊内有彩画、佛座仙像，桥景绚丽似花，所以人们称它为花桥。此外，还有木撑架桥以及伸臂木梁与撑架相结合的梁桥等。

拱桥

拱桥是在竖直平面内以拱作为上部结构主要承重构件的桥梁。我国最早的拱桥出现在汉代，它是从伸臂木石梁桥和撑架桥逐步演变和发展起来的，其创意大概是受到了拱式结构坟墓建造技术的启发。由于拱桥的主要承重构件的外形都是弯曲的，所以也称为曲桥。石拱桥在我国桥梁发展史上出现的相对较晚，但它一经出现，便得到了迅猛发展，即使在 1880 年近代铁路公路桥梁工程技术传入我国以后，它仍然保持着旺盛的生命力，反而在结合现代的工程理论和新的建筑材料的基础上，取得了更大的发展。

拱桥的特点是，桥拱在竖向载重作用下，两端支承处产生竖向反力和水平推力，正是水平推力大大减小了跨中弯矩，使跨越能力增大。正是这个水平推力的存在，拱圈小的弯矩将比相同跨径梁的弯矩小很多，而使整个拱圈主要承受压力，使它的主拱截面材料强度得到充分发挥。由于拱是主要承受压力的结构，因而可以充分利用抗拉性能差而抗压性能较好的跨工材料来建造拱桥。我国古代的拱桥独具一格，种类繁多。从造型上看，有驼峰突起的陡拱，有宛如皎月的坦拱，有玉带浮水的平坦的纤道多孔拱桥，也有如长虹卧波，形成自然纵坡的长拱桥。拱肩上有敞开的（如大拱上加小拱）和不敞开的两种。拱形有半圆、圆弧、椭圆、抛物线、蛋形、马蹄形、尖拱形和多边形等多种。孔数上有多孔和单孔，多孔以奇数为多，偶数较少。如徐州的景国桥就多达 104 孔。多跨拱桥又分为连续拱和固端拱两种，前者只见于江南水乡，后者则散见于华北、西南、华中和华东等地。桥拱按建筑材料又可分为石拱、木拱、砖拱、竹拱和砖石混合拱等。

据《水经注》记载，公元 282 年在河南洛阳东六七里处有一座用石头建造的"旅人桥"，这是最早见于记载的石拱桥。保留到今天的最著名的石拱桥有河北赵县的安济桥、北京西南郊的卢沟桥和苏州城南的宝带桥。安济桥即赵州桥，修建于隋朝，它的技术在当时来讲，在世界上都达到了难以超越的地步。而此后的千余年里，我国的石拱桥不仅在跨径和拱形上，而且在适应不同地区的需求上，都取得了长足的进展。桥梁不仅具有实用价值，而且还具有观赏价值，而拱桥的实用价值和观赏价值处处都体现着设计者的巧思构造。时至今日，昔日那些设计轻巧、布局妥帖、装饰典雅、引人入胜的石拱桥仍具有一种令人倾倒的魅力，不仅为众多的文人墨客所讴歌，而且为寻常百姓所喜爱。

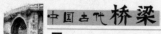
知识链接

中国现存最早的石拱桥——观音桥

　　观音桥位于江西庐山山南栖贤寺中，是一座横跨石涧的石桥。该桥建于北宋大中祥符七年（1014年），距今已整整1000年历史，历经岁月风雨仍坚实无损，是中国现存最早的石拱桥之一。该桥为榫式匠石砌筑而成，构造奇特，工艺精湛，是中国古代桥梁工程中罕见的珍品，人称"北有赵州桥、南有观音桥"，具有很高的历史和艺术价值，是国家级文物保护单位。古人上庐山，必经观音桥，这里风景秀丽，引得不少文人墨客在此流连忘返，吟咏留念。现在观音桥景区仍保留着历代名人摩崖石刻十多处，桥头至今还留有茶圣陆羽与山僧煮茶品茗的天下第六泉。

索桥

　　索桥，也称吊桥、绳桥、悬索桥等，是用竹索或藤索、铁索等为骨干相拼悬吊起来的桥梁。古书上称之为絚桥、笮桥、绳桥，多建于水流较急不易做桥墩的陡岸险谷，主要见于西南地区。其做法是在两岸建屋，屋内各设系绳的立柱和绞绳的转柱，然后以粗绳索若干根平铺系紧，再在绳索上横铺木板，有的在两侧还加上一至两根绳索作为扶栏。

　　索桥首创于我国，一般国外学者认为中国大约在3000年前就已经有索桥出现。目前我国已考证出最早的索桥是四川益州（今成都）的笮桥，建于秦朝李冰任蜀守时

索桥

（公元前 251 年），距今已 2200 多年。而西方直到 16 世纪才有索桥出现。在我国古代的云贵川地区，因为江河众多，而且大多江流水势湍急，不利于建造桥墩，所以在怒江、澜沧江、金沙江上游一带，在雅砻江、大渡河、乌江、北盘江以及秦岭山区、台湾山区，常常可以看到各类索桥。其中，贵州的盘江桥、四川的泸定桥、云南的霁虹桥在国际桥梁史上都负有盛名。

　　古代索桥可分为独索桥和多索桥两大类。独索桥又叫溜索桥。根据古书记载，独索桥是在两岸立柱，以竹绳结成横索，固定在两岸的桥柱上。索上穿有木筒，筒下系绳。人们过河时将绳捆在身上，扶住木筒，便可溜索而渡。多索桥则是用并列的几根缆索系于两边桥柱上，上铺木板作为桥面。有的两边还有悬索作为栏杆，有的则没有栏杆。索桥悬在空中，随风摇晃，初过索桥时不免心惊胆战。在众多的古代索桥中，四川都江堰的珠浦桥是竹索桥的杰出代表；而横跨于大渡河上的泸定桥，则是铁索桥中的佼佼者。

浮桥

　　浮桥古时称为舟梁。它是用船只来代替桥墩，故又有"浮航""浮桁""舟桥"之称，属于临时性桥梁。由于浮桥架设简便，成桥迅速，在军事上常被应用，因此又称为"战桥"。

　　浮桥的结构形式有两种：一是传统形式，是在船或浮箱上架梁，梁上铺设桥面。二是舟、梁结合形式，是将舟（箱）体、梁、桥面板结合成一体，船只首尾相连成纵列式，或将舟（箱）体紧密排列成带式；上、下游设置缆索锚碇，以保持桥轴线的稳定；桥两端设栈桥或跳板，以与岸边接通；为适应水位涨落，两岸还应设置升降栈桥或升降码头。

　　浮桥可以说是大型桥梁的先辈。它是用船渡河的一个发展，又是向建造固定式桥梁的一个过渡，是介于船和桥之间的一种渡河工具。我国最早的桥梁就是浮桥，《诗经·大雅·大明》中记载："文定厥祥，亲迎于渭，造舟为梁，不显其光。"就是指的西周初年，文王姬昌 18 岁娶亲时，在渭河上造了一座将船连接起来的浮桥。到汉唐时期，我国浮桥的运用日益普遍。许多地区在建造永久性桥梁以前，总要先造浮桥，以便摸索并了解水情，然后再寻求建造合适的永久性桥型。据粗略统计，仅在长江和黄河上就曾架设过近二十座大型浮桥，其中大部分属军用浮桥。但浮桥牢固性差，很少能保留到现在。现存历史最早的，也是最有代表性的古代浮桥，是浙江省临海县的灵江

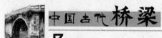

浮桥。

中国古代自从发明建造浮桥以后，浮桥作为桥梁中的一大种类日益发展增多，历代不乏经典之作。其中，以河阳桥、蒲津桥、中津桥、澶州桥、镇远桥最有特色。

 知识链接

潮汐浮桥

南方沿海地区的河流会随着海洋潮汐一起变化，一天之中也会有潮涨潮落的现象。如果在这样的河流上面架设浮桥，每天都需要调整桥的形状，耗时耗力，非常烦琐。南宋的桥梁专家唐仲友在直浮桥的基础上进行研究改造，发明了潮汐浮桥，从而可以免去每天调整浮桥的麻烦。

唐仲友修建的潮汐浮桥在浙江临海，名叫中津浮桥。从整体上来看，中津浮桥与直浮桥并没有太大的区别。它采用50艘船组成25联，用竹缆将它们连在一起，而且每一艘船都被单独锚定。但是，如果仔细观察，就可以发现它与直浮桥的不同之处。中津浮桥在桥与河岸之间设了一条栈桥，长约37米。这段栈桥是用木筏和立柱组成的，是可以活动的。每当涨潮时，木筏就会浮上水面，依靠立柱和竹缆来控制位置。每当落潮时，木筏就会变成坡道，支在立柱之间高低不一的木楔上，从而成为一条真正的栈桥。在栈桥与舟节之间还铺设了活动的跳板，可以随潮水涨落造成的栈桥与舟节之间距离的改变而自行调节，这样就使人们免去了每天调整浮桥的烦劳之苦。

第三节
特殊桥梁

中国古代的桥梁,还有一些结构特殊、风格奇异的桥梁建筑。它们不仅丰富了古代桥梁的内容,反映出古代劳动人民的聪明才智,而且在桥梁史上都具有重要地位。

中式廊桥

中国廊桥,历史久远。"廊桥",顾名思义,就是有屋檐的看似长廊状的桥梁。这一桥梁形式发源于古代的浙江南部地区。历史上的浙南山区人烟稀少,山路崎岖,交通不便,而且一年之中的春夏秋三季多雨,人们在外出时经常会赶上不期而至的降雨。为了避雨,当地人民在长期的生活生产实践中,开始在主要的道路边上每相隔一定里程,建一座供人歇脚避雨的风雨亭。后来,人们把这种风雨亭的建筑形式移植到了当地的桥梁上面,在桥上建造屋檐,在为行人暂避风雨的同时,还可以保护木材建造的桥梁免受日照雨淋的侵袭,这样就形成了我国古代桥梁史上的又一新类型的桥梁——廊桥。在民间风俗中,廊桥也有很多不同的名字,有"彩虹桥""风雨桥""蜈蚣桥"等。

除却廊桥的实用功能,还有独特的艺术与美学价值。李白有诗写道:"两水夹明镜,双桥落彩虹。"廊桥色泽虽没有彩虹绚丽多彩,但廊桥集桥、廊、亭、塔、楼阁的建筑特色于一体,是中国古代建筑艺术的一个综合体,让人们领略中国古代建筑成就的同时,也给人以多重的中国古代艺术之美的享受。雨中站在桥上看风景,假如再有彩虹呈现,意趣和含意就更丰富了。

廊桥主要分布于中国的南方,其中浙江泰顺、庆元、景宁与福建寿宁四

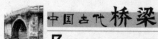

廊桥

县的廊桥既有很高的欣赏价值，又有历史意义。这些古廊桥别具风姿，异彩
纷呈，有的似长虹架于碧波之上，有的恰如蛟龙腾飞于青山之间，在群山之
间形成一道风景线。

 知识链接

小飞虹桥

　　江苏苏州拙政园内的小飞虹桥，是苏州园林中唯一的一座廊桥。在微
微高起的三跨石梁上，朱红色的立柱上覆廊屋，造型古朴，色调淡雅。这
座廊桥水波荡漾，桥影势若飞动。集亭、廊、桥置于一体，体现了一种动
态的张扬，犹如彩虹，映卧池面，故取名为"小飞虹"。

小飞虹桥建造于距今五百年前的明代。明代画家文徵明，曾经绘制了一幅《拙政园》图，画面右侧有一座斜出向池面左端的小拱桥，就是小飞虹桥。画中桥右端筑有平台，下侧有古木山石，远处隐现一座楼阁，隔溪翠竹掩映，池对岸有数间参差错落的茅屋。画中的小飞虹桥凌架池上，为一座跨度较大、拱形平缓的三架木桥。在清代的嘉庆、道光年间，小飞虹桥被改建为石桥。现在的小飞虹桥保留了清代的石柱、石梁结构，桥面两侧设有"万"字形图案的护栏。

小飞虹桥西接东通，分割水面，点缀了水景，增加了弯度，使整个园林亭台楼榭在错落有致的基础上锦上添花。

桥上修桥桥上桥

在中国古代的建筑中，素有曲径通幽、变幻莫测的神秘传统，所谓"一入侯门深似海"，正是这一传统的形象写照。在这方面，北京城的结构就是一个很好的例子。北京城不仅有外城和内城之分，城内还有紫禁城、宫殿、园林等错落有致，形成了纵深极大的"城中城"。在中国，除了在古城建筑中体现了这一特有的建筑形式之外，在古桥的建筑上也形成了一种桥上桥的建筑奇观。现存的桥上桥奇观主要有陕西赤水桥上桥、河北武安京娘湖桥上桥和甘肃定远桥上桥。

赤水桥上桥坐落于今陕西华县与渭南县交界的赤水河上。赤水河是一条南北流向的河流，是华县与渭南县的分界线。一个赤水古镇被赤水河分成两半，东赤水属华县，西赤水属渭南县，但由于赤水桥的修建又把两部分连成了一体。这座古石桥目前仍保存完好，1992年赤水桥被列为省级保护文物。赤水桥长70米、宽5米，实际上是两桥相叠而成，两边石栏保存很好。桥由相同大小的九孔联结而成，桥洞高3.1米，宽3.4米。顶端南侧有九个龙头，北侧有九条龙尾，暗示"九龙飞腾"的意境。在现有的九孔桥的下方有一个

桥上桥

　　九孔桥下桥，大小尺寸与上桥相同，对应严密，堪称天衣无缝，只是目前只露出四孔，其余五孔仍埋在河底的泥沙之中。这座桥上桥沿用至今依然坚固如初，现代的载重卡车仍可安全通过，仍然为我们作着无私的奉献。

　　京娘湖桥上桥位于河北省武安市西北部京娘湖畔，距离邯郸约30千米。关于这个湖还有一段历史传说。据冯梦龙的《警世通言》描述，赵匡胤称帝前千里送京娘时曾露宿于此山中。京娘是山西永济人，年方十七，聪明美丽，性格坚强。她随父亲到曲阳县烧香还愿时不幸遭劫，幸遇赵匡胤拔刀相救，千里护送还家。京娘感到赵匡胤为人正直，又长得英武俊秀，欲以终身相托。赵匡胤也十分喜爱京娘，可想起事业未成，无以为家，便以兄妹相称，谢绝了京娘的美意。从此，赵匡胤"不恋私情不畏强，独行千里送京娘"的佳话流传至今，此地留下的就是当年京娘的梳妆台遗址，而附近有湖便因此得名。京娘湖北两公里，有一座造型奇特的桥上桥，称为"叠月桥"，又称京娘桥。

　　定远桥上桥位于甘肃定远县城西45千米的炉桥镇西，跨于窑河支流之上，又名百炉桥、北炉桥、五孔拱桥。由于河道变迁等自然因素影响，定远河上的桥梁屡建屡毁，屡毁屡建，这样就逐渐形成了桥上桥的奇观。现在能看到的只是上桥部分，桥长 45 米，宽 3.7 米，高 4.4 米，5 孔，中孔直径 3 米，两侧孔径分别是 2.82 米、2.33 米。砖石结构，部分砖横头有阳文"桥"字，白条石栏杆，条石上刻有莲花花纹，所有榫缝之间均塞有铁片。由于河道多年淤积，定远桥虽然有桥上桥的传说，但是现代人只能看见该桥的一座上桥，因此很多人对这些传闻产生了越来越多的疑问。为弄清传说中的桥上桥是否属实，1984 年，定远县交通局组织人力试掘西端一孔，结果发现桥下有红石板桥，红石板桥下仍有桥。当时并未继续进行大规模挖掘。以待日后条件成熟，再进一步详细勘探。另有传说，三国时曹操曾于此兴建百炉冶炼兵器，百炉桥缘此得名，此地后发展为炉桥镇。桥上桥在中国并不多见，是古代桥梁的一道亮丽风景。

船歌悠悠纤道桥

纤道桥是一种为便于拉纤而建造的与河流平行的带状长桥，可以说是纤道的一部分。纤道桥一般每隔百米便设一跨或数跨，以方便暂避风浪的舟船进入称为"避塘"的浅水域，所以纤道桥俗称百孔官塘；又因桥长如长链，又称铁链桥。

纤道桥多见于浙江绍兴附近的运河地区，比如阮社附近的纤道桥，建于清同治年间，长 380 余米，有 115 个跨，桥面用三块条石拼成，底平直接水面。

江南最长的石梁石墩桥便是浙江绍兴沿河的纤道桥。修建这种桥的目的并不是为了渡人过河，而是为了纤夫在上面行走拉纤。虽然功能不同，但其构造与一般的石梁石墩桥并无不同。纤道桥一般都很长，长者甚至可达一两公里。由于现在不再需要拉纤行船，纤道桥的功能也逐渐被废弃；又由于人们还没有足够的文物保护意识，大量的纤道桥逐渐损坏和消失，如今仅存凡江贯虹桥、钱清附近的纤道桥、绍兴北大滩纤道桥和绍兴阮社太平桥纤道桥等几处残迹了。

阮社附近的纤道桥是一座百孔官塘桥，在国内外都极为罕见。这座桥是唐代会稽观察史孟简在唐宪宗时（806～820 年）主持修建的。初次建成之后，由于种种原因，纤道桥几度被毁，不久又被修复。据有关史书记载，清同治、光绪年间都曾对其大修。百孔官塘桥坐落在西兴运河南侧，初建时全桥长达 879.4 米，宽约 1.5 米，共有 281 孔；桥孔的跨径一般在 2.36～2.75

纤道桥

米，桥梁由三根长3.37~3.51米、宽0.49~0.52米的石梁并列而成，梁底离水大约有1米；用干砌法砌筑的石墩一般厚约0.8~1.0米。此外，还有几孔高达3米的高墩石梁，跨径都在3米左右。设置高墩石梁的目的是使纤道两侧的船只顺利通行。远远望去，百孔官塘桥就像一条长链卧在碧波之上，所以人称"铁链桥"。

由于这段运河的河面非常宽阔，经常遭受大风与波涛的袭击，逆水行舟时阻力太大，所以需要拉纤前行。这座桥就是为了拉纤而在纤道上专门修建的，故称纤道桥。纤道桥的设计以实用性与安全性为主要目的。由于有高墩的设计，遇到较大风浪，船只就可以通过高大的桥孔进入到浅水区躲避，鲜明地体现出其实用性与安全性的特点，并因此而有"避塘"之称。遥望纤道长桥，犹如一条蜿蜒的游龙，逐水而行。

鱼沼飞梁

　　鱼沼飞梁位于山西省太原市区西南的晋祠圣母殿前，是一座精致的古桥建筑。北宋时与圣母殿同建于北魏时期，距今已有1500多年的历史，整个梁架都是宋代的遗物。这种十字形桥也是中国现存古桥梁中的孤例，是国务院公布的第一批国家一级文物。四周有勾栏围护可凭依。古人以圆者为池，方者为沼。因沼中原为晋水第二大源头，流量甚或大，游鱼甚多，所以取名鱼沼。桥面分东西向和南北向，东西向通圣母殿，桥面平直，长约18米，宽约6米。南北桥面长约17米，宽约6米，从平台起分别逐渐下降，呈21%的坡度。桥下为柱梁结构，石柱0.3米见方，上端微有卷杀，柱上有柏枋相交，枋上安置大斗，斗上施十字拱相交的承梁。桥下立石柱各两排，每排13根，全桥共用54根。

　　飞桥在我国桥梁中极为罕见，这一实物至今还保存完好。

鱼沼飞梁

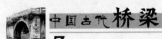
 知识链接

木桁架桥

　　木桁架桥，在古代桥梁中极为少见。这种桥的结构与柱梁式桥梁和石拱桥都不相同，是桥下柱梁上设置叉手构架，构架上端顶着桥面，梁与桥面并不直接相连。

　　这种结构的桥，具体出现在何时不得而知，但在元代就已有所发现。绘于1324年的山西洪洞县霍山水神庙内的明应王殿壁画中，就有一座木桁架桥。在西方，业界认为木桁架的发明者是意大利的柏拉弟奥，他的木桁架图画于1570年，这样看来，中国至少要比他早246年。这种结构的桥梁，之后在甘肃境内也有发现。如甘肃甘南藏族自治州的廊桥，桥下虽是伸臂式结构，但桥上廊屋内的结构就是大叉手的木桁构架。

 多功能的桥梁

　　我国古人设计桥梁时，因地制宜地把其他技术应用到桥梁上，因此许多古桥除了具有交通功能外，还兼具其他的作用，可谓一桥多用。

1. 桥与水闸相结合

　　浙江绍兴的三江闸桥、湖北江夏县（今武汉市江夏区）的新桥，都是这方面的代表。

　　三江闸桥是著名的古代水利建筑三江闸的一部分，位于绍兴北35里处的三江口上，桥全长108米，宽9.16米，其下是28孔的水闸，以应天上28星宿，故又名"应宿闸"。

　　三江闸的营造者为明代嘉靖年间绍兴知府汤绍恩。他到任后察看三江口地势，见彩凤山与龙背山两山对峙，不禁喜出望外，断定下面必有石根，于是派人下水勘察，果然发现有石脉横亘于两山之间，便决定在两山之间的峡谷中建立水闸。在建闸后四百余年，绍兴人民深得其利，连年丰收。

湖北江夏的新桥则是在每个桥墩上凿两条深槽，大水泛滥时，在槽中插木板，中间填土，建起闸门，阻止洪水通过桥洞，使桥下游及附近诸湖、农田大受其利。

三江闸桥

除了这两座桥外，《河南通志》在唐代城阙古迹篇中讲道："洛水又东北流经惠训坊之西，分为漕渠，分流处置斗门，上有桥，桥上有屋，水势峻急，激湍百余步。"斗门上有桥，便是桥闸结合的形式。

 2. 桥与渠道相结合

这种桥也叫渡桥或水桥。例如，始建于金代天德二年（1150 年）的山西洪洞县宝庆西南的惠远桥，渠道砌在桥上；浙江黄岩的石门头桥，桥渠的渡槽设在梁与梁之间，槽用板盖住，以便人畜过桥，真可谓是"桥上水，水上桥"。

 3. 桥上建造建筑物

我国的古桥（尤其是木桥中的伸臂木桥）受风吹雨淋，容易腐烂毁坏，人们在桥上建造亭台楼阁，不仅可以防腐，还起到压重的作用，使桥基不那么容易被冲垮。对行人来说，也可以休息纳凉，一些人还在桥上开店做生意，物尽其用。南方这种有桥屋的桥十分常见，也叫廊桥或风雨桥，如广西三江程阳桥、湖南新宁江口桥、浙江武义熟溪桥等。

另外，在一些园林中，桥梁上建造的亭子，可以让游人休息时在亭内吟诗作对，又可以怡然观景。比较著名的有江苏扬州的五亭桥、北京颐和园的西堤桥、河北承德避暑山庄的水心榭。

还有在桥上建造殿或庙的，如河北井陉的楼殿桥、福建永安建有戏台的永宁桥等。更有特点的是在桥上建长城，位于山海关东北 20 千米的长城叫

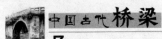
"九门口"，城墙建在9座拱桥上，跨越九江河。水城门也是在桥上有建筑物的一种，如苏州盘门水门。

 4. 桥与水测量相结合

江苏吴江的垂虹桥，就是这方面的一个很好的典型。

垂虹桥是在北宋庆历七年（1047 年）建造的一座石墩木梁桥，初名利住桥，俗称长桥。元泰定二年（1325 年）改建为石拱联桥，改名垂虹桥。桥中间三孔隆凸，以通大船。桥中设垂虹亭，亭是正方形歇山顶，前后设两道拱门。在垂虹亭下大桥墩左右墙上设有两块水测碑，长期记录太湖全流域水流量的变化情况。

 5. 桥与码头相结合

青岛栈桥是始建于清光绪十六年（1890 年）的一座海中栈桥，长 400 余米，宽 10 米，属于早期的海上码头。

第四节
桥梁建筑艺术

我国是一个有着悠久历史和灿烂文化的文明古国。幅员辽阔的神州大地上，江河纵横，桥梁遍布。尤其是在迷人的江南水乡，"水港小桥多"的景象比比皆是。遍及全国各地的桥梁，不仅有各种各样的类别和结构，还有着自己萌芽、产生、发展的历史。中国古代桥梁的发展历史，大致可以分为秦汉以前的产生与早期发展、汉唐的里程碑时代、宋代的鼎盛与元明清的恢宏与庚续几个阶段。中国古桥的发展演变过程中，在建造技术不断发展完善的同时，也不断吸收了中国文化发展的成果。因此，中国古代桥梁在其漫长的发展过程中，在逐步完善了基本功能的基础上，也逐渐形成了独具特色的桥梁艺术。桥梁艺术，同其他所有的艺术一样，既要求美的形式，又要求善的内容，文质并重。

 ## 古代桥梁的特点

从上可知，中国古代的桥梁多种多样。通过观察这些众多的桥梁，可以总结出它们具有以下一些特点。

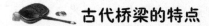

1. 具有明显的地方特色

我国古代的桥梁，历代相加，不可胜数，遍布全国各地。但从区域上来看，又各有特色。

我国古代桥梁之所以呈现出突出的地方性色彩，是与各地的地理环境分不开的。如江南的高拱桥是由于江河中来往船只过多形成的，要解决河运畅通无阻，就必然要把拱放宽加高。西南地区索桥多的原因，是因这一地区的河多在峡谷丛山之中，水流急、山势峻，无法架设拱桥和浮桥。另外，这些地方盛产竹子，编制竹索有充足的来源，所以这样一来，索桥就在这一地区发展起来。又如黄河和长江流域，由于水面宽、河深、流量大，特别是黄河不时改道，若造石桥既费财力又效益不高，只有用浮桥代替。总之，各地桥梁的特点都是由于本地区的特殊条件形成的。

2. 具有很高的艺术价值

桥梁本来只是交通中的一种设施，供人们越过河流峡谷，但中国古代的人们并没有把它看作单纯的过河工具，而是把它视作一件完整的艺术品。在工匠大师们的精心设计下，桥梁不仅具有使用价值，还有着很高的艺术价值。

首先，讲究桥梁的线条美。如石拱桥中的拱圈，有的设计成扁拱和弧拱形，恰如一弯新月；有的

玉带桥

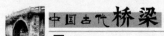
"拱"是大半个圆，又像一轮满月，倒映水中；还有的"拱"是半个圆，犹如七彩长虹，真所谓"长虹饮涧"。优美的线条不仅限于拱圈上，而且贯穿在整个桥形中，如北京颐和园的玉带桥，就是线条美的典型代表。

其次，讲究桥梁的造型美。我国古代的桥梁，各类都有着不同的造型。如联拱桥和柱梁式桥，给人一种宏大雄壮之感，长的竟达一二百米，犹如巨龙锁江，长鲸出水，雄壮之势难以言表。又如单拱和叠拱桥，外形波浪起伏，体现了幽雅之美。索桥横挂于两崖之间，人们把它比作"垂虹"。又有的桥安装蜀柱勾栏，具有华丽之美；还有的桥不设勾栏，好像水中大道，具有质朴之美。在中国古代桥梁造型中，山西晋祠的鱼沼飞梁更是别具匠心，独具一格，可说是古代桥梁造型美的典范。

最后，讲究桥梁的雕饰美。我国古代桥梁雕饰之美尤为突出。如隋代安济桥、金代卢沟桥的雕刻艺术之绝妙是众所周知的。雕刻艺术反映了民间的风格，十分难得。所刻内容丰富，图案各异：有铁牛、巨龙、狮子、大象、石麒麟、石猴、石塔、人物故事等；其表现的手法有线雕、浮雕、透雕，各种造型生动活泼，栩栩如生。每座桥梁几乎都是一件艺术品，成为中华民族文化的重要组成部分。

3. 具有高超的建筑技术

我国古代桥梁体现了高超的建筑技术，具体表现在以下几个方面：

一是坚固结实，如隋代、唐代和宋代时所建的桥梁，如果没有高超非凡的建筑技术，则不会保存至今。

二是有些巨大桥梁的修建，可以想见在当时没有先进机械的情况下的困难程度。当时桥梁长几百米者都很普遍，上千米也非个别，如宋代的玉澜桥长3000多米，现存泉州的安平桥长2070米。福建漳州的江东桥，其中一根石梁就重达200多吨，虎渡桥上的石梁长23.7米，宽1.7米，高1.9米。要把这么大的石梁架在石柱上，真不知当时的人们是如何做到的。

三是不少桥梁在世界上居有领先地位。如隋安济桥的扁拱形式，在古罗马帝国时代还没出现。元代桥梁上使用的木桁架结构，比意大利早246年。我国古代建造索桥的技术比外国更早，英国建造第一座铁索桥是1741年，美国是1796年，法国是1821年，德国和俄国是1824年，都要晚于我国好几百年。

四是有些桥的构造在世界桥梁史上具有重要地位。如宋代汴水虹桥、山西晋祠十字飞梁在世界上也是绝无仅有的，900 年前的澶州立交浮桥在世界桥梁史上更是别开生面。这诸多方面，足以说明中国古代桥梁技术之高超。

4. 桥梁的发展由北向南推进

考察古代桥梁的产生、传播及发展，可以发现它们呈现出一种由北向南的发展趋势，许多桥梁都首先产生在北方，然后才在南方得到发展。这种由北向南的发展特点，与当时的政治、经济和文化的发展很有关系。因为各种桥梁（除索桥）产生的时间最晚不超过唐代，而在这以前，北方是全国的政治中心，经济和文化相对来说都比南方发达。这就决定了北方的发展要比南方快一步，桥梁建筑也不例外。

知识链接

横跨水上的彩虹

彩云桥位于苏州市郊横塘镇，跨越京杭大运河。该桥不知何时所建，1928 年重建。桥身东西走向，东端引桥折而向北，与长堤相接，由此经驿亭通往胥门；西端引桥南北落坡，向南步入市镇。该桥为三孔石拱桥，全长 38 米，中宽 3.7 米，中孔净跨 8.5 米，矢高 5.6 米。因大运河拓宽，1992 年将此桥迁建于胥江上。如今桥西堍与驿亭相接，往东没多远就是唐寅墓。大桥本身原样迁移，为不影响太湖水进入苏州古城，在西堍引桥部分增辟桥洞数孔。因为在施工中遇到河床流沙层，所以又把桥墩改为反拱状，所以现在的桥洞实为一个完整的圆圈。

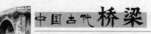

 绚丽多姿的桥梁装饰艺术

中国古桥上完美的装饰，不仅会给桥梁形象增加美感，还能赋予桥梁一定的思想内涵。桥梁上的装饰艺术，一般都是文字、图画、雕塑、建筑与桥梁的完美结合。中国古桥的装饰艺术非常讲究适宜得当，在桥梁的不同部分会采取不同的处理方法，赋予不同的装饰内容。

 1. 华表

有的桥梁出入口建有华表。相传华表是由唐尧时代的木表柱演变而来的。我们在欣赏《清明上河图》时，会发现图中虹桥的桥头有四柱木华表，柱顶还有一只仙鹤驻足。长安渭桥的桥头也有木华表，表上停立的是一只铁鹤。华表不仅有木质的，也有石质的。北京故宫天安门外金水桥的桥头和宛平卢沟桥的桥头，都立有石华表，而且表上都雕刻有石狮子，形象活泼，显示着尊贵与威严。

卢沟桥桥头装饰

 2. 阙

阙是一种建造在宫殿、墓道、桥梁出入口处两侧的建筑物。因为建筑群落中的一些道路十分宽广，无法建筑足够大的门，便以阙代门。南阳汉墓出土的石刻画像，上面便刻有汉代的桥头石阙，因其阙顶有凤凰，故名凤阙。

 3. 栏杆

栏杆的作用主要是安全防护，以防止行人失足落水，休闲时还可供人倚靠。作为桥梁构造中的一个重要部分，因其离人较近，更需要装饰，以使人观之赏心悦目。因此，栏杆在起到防护作用的同时，也是艺术处理的重点。我国古代的桥梁，在长期的发展过程中，对栏杆的装饰也逐渐形成了一定的特色。

栏杆有木、石之分。木栏杆分为两种，一种是形式比较简单的横槛直栏；另一种是形式复杂的花格栏杆，被称为彩槛。一般而言，木栏杆多为红色。据说，晋时临海有赤栏桥。唐代《中渭桥记》中记载渭桥是"丹柱朱栏"，白居易诗称苏州有"红栏三百九十桥"。相比之下，石栏杆的装饰就复杂得多了。石栏杆不仅可以被雕成各种形式，而且还可以在上面雕刻各种花纹。经过雕琢的石栏被称为雕栏，古代描写建筑的文字中常常有"雕栏玉砌"一词，其中的"雕栏"就是这个意思。刻有美丽花纹的雕栏，与小桥流水互相辉映，增色不少。于是，有诗为赞："雕栏宛转度芳溪，映日春旗拂彩霓。"

鬼斧神工的雕塑艺术

桥梁上的各种艺术雕镂，首先能够令人赏心悦目，是一种美的享受；其次能反映出古代人民的某种思想，更确切地说是代表了人们一定的期望。

从艺术观点来看，在桥梁适当的部位，比如近人近水的板石平面、建筑部件的首尾等处加以雕琢镂刻，其精美的造型、逼真的形象不仅会增添桥梁的情趣，而且增加了刚柔、虚实、简繁、华朴、阴阳等变化，使得原本功能单一的桥梁更具魅力。

与此同时，由于古人无力对抗大水及水流对桥梁的毁坏，于是就寄期望于桥梁的雕刻艺术中，常常在桥梁上雕镂出能够战胜自然灾害的神祇形象，祈求能够以此镇邪避害。这样，桥梁的装饰便具有了生命力，从而成为桥梁建筑中不可或缺的一部分。因此，桥梁的功能不再只是跨越河谷障碍，它还可以附加别的功能，比如压胜、观赏、宗教代言等。

中国古桥中的木雕艺术，色彩鲜艳，刻镂精细，美轮美奂。如侗族风雨桥的雕塑彩绘、潮州湘子桥的雕梁画栋，都是精美绝伦的艺术品。令人遗憾的是，木桥上的这些艺术品不可能传世久远。不过，能够流传下来的石雕和金属铸造艺术同样精美。中国古桥中的石雕和金属铸造图案多以仁兽仙禽、鲜花瑞草为主，当然也有人像，但是比较少。

1. 桥头神像

河神是人们期望镇压水怪、保护桥梁的信念的一种表达方式，很多桥梁都在桥头或水中设置了水神。陕西咸阳的渭桥是最早在桥头树立神像的，这座神像是传说中的水神忖留。因为水神忖留半身立于水中，其相貌极为丑陋，面目狰狞可怕，曹操经过时，坐骑受到惊吓，于是命人搬去神像。自秦始皇时设立到魏武帝曹操将其移去，忖留神像站立在渭桥边大概有 400 余年。河北赵县的济美桥在石拱墙上刻有面目平和的河神图像。赵县另一座石拱桥上也刻有人像，不过看其面目，不像神更似普通人。陕西的蒲津桥桥头树立着四尊牵牛的铁人，从外表来看，是三武一文的官吏；这是目前发现的桥头人像最早的实物，距今已有 1000 多年的历史。

福建泉州的万安桥也有 4 尊石像，高 163 厘米，放置在石室中，供奉着香火。这些石像原来两两分立在桥头的南北两端，一老一少，执剑相对。据考察，这些石像是北宋皇祐年间树立的，距今已有 900 多年的历史。

 2. 桥头神牛

在桥上雕刻牛的传统由来已久，民间传说大禹治水时就曾经雕刻了一座石牛卧在水边。据考察，桥上雕刻的最早是犀牛，后来发展为耕牛。古人认为，洪水泛滥、冲毁桥梁都是水怪兴风作浪的结果，于是人们便在桥头、水边雕刻犀牛以镇压水怪。李冰在修建都江堰时所刻的这五头石犀牛，大概是石雕中采用犀牛的最早例子。现在，岸上的那三头石牛早已不知所终。沉在水中的那两头，其中一头仍在成都望江楼畔的江中，只在枯水季节可以看见；另一头于 20 世纪 50 年代初期被挖掘出来，放在了岸边。江中那头石牛，全身为红色砂石雕琢而成，其背部以上都已风化，没有头，弯曲四蹄卧在水中。

桥头河畔所立之牛，不是只有石牛，还有铁牛。湖南茶陵县米江岸边就有一头体形巨大的铁犀牛，长 2.1 米，宽 0.8 米，卧高 1.1 米，重约 7000 公斤。这头铁犀是南宋绍定年间（1228～1233 年）茶陵县县令刘子迈令人铸就的，其目的也是希望借助神灵的力量来稳定米江的水势。

黄河大铁牛

河南开封东北五里处有个村子叫铁牛村。之所以叫铁牛村，就是因为村里有明朝于谦命人所铸的两头"镇河铁犀"。它们足有三蹄，头有两角，呈蹲坐之姿，身形宏伟，体宽约1米，坐高约2米。

古人为什么会认为犀牛能镇压水中的妖怪呢？这里面是很有讲究的。首先，古人认为"牛角能破水"，犀牛角破水的力量更大；其次，古人根据中国古代五行相生相克的道理，认为牛可以克水。因此，古人往往在水工建筑物中用牛尤其是犀牛来做装饰。

3. 桥上的龙雕

龙是中国古代文化中具有民族图腾意义的神兽。正如《说文解字》中所说，龙是"鳞虫之长"，统领水族万物。人们在桥上雕龙，是希望龙能够监视水族不要兴风作浪破坏桥梁。龙刻在桥上的位置大有讲究，一般而言，作为压胜的龙，都在离水比较近的地方。

桥上刻龙的例子不胜枚举，最著名的还是河北的赵州桥。赵州桥上的龙雕刻细腻，形象生动，可谓上乘的艺术珍品。其栏板上的龙瘦骨嶙峋，穿石而过，整个画面布置得活泼生动；其望柱上的龙，下部盘绕，上身直立，怒目圆睁，伸爪搏击之势，虎虎生风；龙门石上的龙，仿佛日夜司守、俯首监视桥下的水族，防止其兴风作浪。

4. 麒麟献瑞

麒麟，也是传说中的神兽之一，据说象征仁瑞。雕刻有麒麟的栏板并不多见，目前知道的有河北赵州的安济桥、济美桥和永通桥。如果按照角数来区分，那么永通桥上刻的是麒，安济桥上刻的是麟；济美桥上的雕刻最为精致生动，却有双角，介于龙与麟之间，不过都可以统称为麒麟。

5. 狮子守桥

狮子是最为人们所喜爱的桥梁雕刻之一。不过，图像雕刻中的狮子与实际的狮子外形相去甚远，是一种艺术化的形象，被赋予了许多民族文化的特点。用狮子守桥，目的是借助它的威力，起到震慑洪水怪兽的作用。宋代临海的中津浮桥就有石狮子守卫，连接各舟节的缆绳都系在石狮子身上。明代贵州的盘江铁索桥也有蹲踞在岸边的石狮子守护，铁链自狮口穿出，体现出

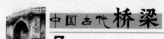

人们希望借助狮子的形象来加强锚石力量的美好愿望。

一般的石桥只在桥梁出入口左右各放一个石狮子。例如，福建泉州的石笋桥、北京北海的积云堆翠桥等都是这样。中国的守桥双狮，必为配偶，雄者弄绣球，雌者抚小狮，其乐融融，好像一个美满幸福的家庭。

也有很多桥梁在桥栏杆的每个柱头上都雕刻石狮。例如山东兖州的泗水桥、济南的大清桥、北京的卢沟桥等，都在桥栏杆柱头上雕有狮子形象。其中，以卢沟桥的石狮雕刻最为出众。卢沟桥的石狮子可以说是举世罕见的雕刻艺术品，桥上雕刻了很多狮子，大小不一，形态各异，观之令人眼花缭乱，数不清到底有多少个狮子。因此，歇后语"卢沟桥的狮子——数不清"也流传了数百年之久。

 7. 桥上其他雕刻

桥上雕刻的主角，除了代表祥瑞的龙凤、狮子、麒麟等之外，还有人人熟知的十二生肖，尤其是猴、兔、马、羊最为常见。另外，民间艺人最熟悉的是民间戏剧，于是各种民间故事情节也都被雕刻在桥梁上。望柱头上什么都可以刻，如宝瓶、葫芦、佛手、仙桃、金钟、石鼓、八角、方胜等，都可以上桥。此外，各种佳禽、瑞鸟、灵芝、仙果、瑶草、奇花都可以作为浮雕或图案的题材，刻有这些图案的浮雕，形式百变，韵味无穷。

 知识链接

江苏苏州行春桥

行春桥位于苏州西南6千米处，有一处石湖。相传吴越争霸之时，越国名臣范蠡在灭吴后，带着西施由此归隐太湖，故附近有一镇名曰"蠡墅"。南宋著名田园诗人范成大退休后也在石湖养老，自号"石湖老人"。行春桥就坐落在湖东面田圃相间、水系杂错之处。因为桥下多条小河溪流穿过桥孔，故又称"九环洞桥"。桥上有重级石栏，游人可随处坐憩。

第五节
桥梁与民俗

　　人们把桥的重要性与生活中的通途和难关等联系在一起，插上想象的翅膀，赋予了桥许许多多的文化意义。这些意义体现在了日常生活的民俗中，民俗学界称之为"桥俗"。"桥俗"中的"桥"有真正的桥，也有用木棒或板凳代表的具有象征意义的桥，更有人们想象中的根本不存在的桥，只是人们想象要渡过的某种难关。

　　我国是一个多民族的国家，不同民族赋予桥以不同的文化意义，对桥都有着自己独特的见解，表现在民俗中当然也就有所不同。

元宵节"走桥"

　　农历正月十五是我国一年一度的传统节日——元宵节，节日期间有舞龙、舞狮、赏灯、猜灯谜等各种各样的民俗活动。除此之外，还有一种活动在我国各地也普遍存在，那就是"走桥"。有人说，"走桥"就是老百姓的"祈嗣求子"和祈福活动。还有人认为，"走桥"活动代表着妇女解放，因为这一天受封建礼教束缚的妇女可以离开家中，外出参加各种娱乐活动，可以到郊外"走桥"，祈求平安健康、吉祥如意。

　　明代刘侗、于奕正所撰写的《帝京景物略》中，对元宵节北京走桥的风俗有着明确的记载："妇女着白绫衫，队而宵行，谓无腰腿诸疾，曰走桥。"据《宛平县志》记载，当地男女于元宵之夕结伴游行、摸钉、过津梁，名曰"走桥儿"。徐珂的《清稗类钞·时令类》中也有记载，从元宵节之夜至二月二之前，淮安有送子之俗，唯须取东门外"麒麟桥"桥块上的砖块，敲锣打

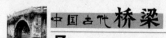
鼓地送到乏嗣之家方可；接受者则欢天喜地将其悬于床上。

浙江省的金华、兰溪、衢州、浦江，北京的通州、顺义、大兴、平谷，河北的永平、涿州、交河、宁强，山东的威海，河南的夏邑，福建的莆田，广东的汕头，以及上海、云南、贵州等地，每年元宵节都有"走桥"的习俗；同时，还伴有盛大的"迎桥灯"活动。因"灯"与"钉""丁"字音相近，在走桥观灯的同时，还有摸门钉、捡拾"桥砖"的习俗，取"祈嗣"之意。

江苏古镇同里一带有元宵夜走太平、吉利、长庆三桥的习俗，当地俗语说：走过太平桥，一年四季身体好；走过吉利桥，生意兴隆步步高（官运亨通步步高）；走过长庆桥，青春长驻永不老。当地居民结婚时也要在鼓乐声中抬着新娘的花轿走过这三桥。老年人66岁生日，要在午餐后走过这三座桥，民谚曰："老年人，走三桥，鹤发童颜，寿比南山高。"

浙江乌镇的元宵夜走桥还忌走回头路，走过10座桥才算吉利，因此预先要拟好行进路线，才不至于混乱。

在广东揭阳，元宵节前后有"行彩桥"的民俗活动，人们通过"行彩桥"来祈求平安幸福。"行彩桥"共分三个阶段：正月十一"行头桥"，正月十五"行二桥"，正月十六"行尾桥"。元宵节前，人们用各种花灯将大小桥梁装饰一新，晚上争先恐后地过桥，抚摸桥头上的石狮，心里默默地祈求平安幸福，子孙同堂。

广东省吴川市梅菉镇的正月十五有"桥梁节"和"逛花桥"的习俗。人们在正月十五这天，用各种彩灯、彩布、彩带、气球、纸花、盆景、字画等，将梅菉镇与隔海村之间的那座拱桥装扮成"花桥"。据说纸花是子嗣的象征物，是供晚上前来逛桥的人采摘的，妇女若采了白花，就可以生下男婴；若摘了红花，则可以生下女婴。

拔烛桥

福建武夷山枫坡村有一种"拔烛桥"的风俗，活动从正月十四晚上开始一直持续到正月十六结束，由村中最有威望的长者率领"舞灯队"举行。舞灯队由两名年幼的男童提着吉祥灯在前开道，长竹竿吊串的高照灯紧随其后，孩童和姑娘们举着各式各样的自扎花灯居中，壮年汉子抬着花灯鼓亭，青年小伙子则扛着"烛桥"压阵。

活动开始前先由舞灯队走街串巷游村，爆竹齐鸣，烟花齐放，唢呐声、锣鼓声汇成一片，热闹非凡。队伍到达村中心闹区后，"拔烛桥"最精彩的节目开始。"烛桥"是由上下两层的木架组成，上可插两支大号蜡烛，下有把手可抓，两头与前后的木架用木插销连接，大的可接80个，小的也可接54个，连接的木插销是活动的，接起来的架子弯弯曲曲似条木龙，拉直又像一座木架浮桥。随着执事者的一声令下，烛桥按事先的约定迅速分成两节——上村、下村两队，各队都有二十多名精悍的小伙子将烛桥往各自的田里拔去，谁能把对方的烛桥拔到自家的田里，谁就是赢者，来年的收成必定胜过对方。因此，双方往往要拉到一身的泥水才能见分晓，而且只有弄得浑身泥水后也才吉利。

 知识链接

铜雀春深锁二乔

唐代诗人杜牧在《赤壁》一诗中这样写道："折戟沉沙铁未销，自将磨洗认前朝，东风不与周郎便，铜雀春深锁二乔。"这里的"二乔"指的是当时江东著名的美女——大乔和小乔。

然而，历史事实却与罗贯中所描写的颇有出入。曹植的《铜雀台赋》中原文是这样写的："连二桥于东西兮，若长空之蝃蝀。"

这里的"二桥"指的是铜雀台上连接旁边两座宫殿金虎台和冰井台的阁道式浮桥。随着岁月的流逝，到明代末年铜雀台已基本被毁，地面上只留下台基一角，二桥也只能通过当地博物馆收藏的一些图纸来想象了。

春社踩桥会

四川绵阳安县雎水镇的民俗"春社踩桥会"，距今已有两百多年的历史了。每年"春社"日（即立春后第五个戊日），安县及相邻的绵阳市区、北川县、德阳市甚至成都等地百姓，都会扶老携幼来到安县雎水太平桥，参加一年一度盛大的"踩桥会"。

春社踩桥会

雎水太平桥建于清嘉庆四年（1799 年），为单拱虹形石桥。每年"踩桥会"上男女老少都要到桥上走三个来回，祈求无灾无难，幸福安康；同时还会举行"过桥"、拉"保爷"的民间"拜干爷"活动，人潮汹涌，非常热闹。

七夕鹊桥相会

每年的农历七月初七七夕节，是传说中的牛郎和织女从鹊桥上渡过天河相会的日子。

相传牛郎父母早逝，又常受到哥哥和嫂嫂的虐待，只有一头老牛与他相伴。有一天老牛给他出了个计谋，要他娶织女为妻。那天，美丽的仙女们又下凡到河中沐浴，并在水中嬉戏。这时藏在芦苇中的牛郎突然跑出来拿走了织女的衣裳，惊慌失措的仙女们急忙上岸穿好衣裳飞走了，唯独剩下织女。在牛郎的恳求下，织女答应做他的妻子。婚后，牛郎和织女男耕女织，相亲相爱，织女还给牛郎生了一儿一女，一家四口过着幸福美满的生活。后来老牛要死去的时候，叮嘱牛郎要把它的皮留下来，到急难时披上以求帮助。老牛死后，夫妻俩忍痛剥下牛皮，把牛埋在山坡上。织女和牛郎成亲的事被天庭的玉帝和王母娘娘知道后，他们非常生气，命令天神下界抓回织女。天神趁牛郎不在家的时候，抓走了织女。牛郎回家不见织女。急忙披上牛皮，担了两个小孩追去。眼看就要追上，王母娘娘心中一急，拔下头上的金簪一划，霎时出现了一条波浪滔天的银河，牛郎追不过去了。从此，牛郎织女只能隔河相望。天长地久，玉皇大帝和王母娘娘也拗不过他们之间的真挚情感，准许他们每年七月初七相会一次。相传，每逢七月初七，人间的喜鹊就要飞上天去，在银河为牛郎织女搭鹊桥相会。七夕节和七夕民俗由此产生。

唐代罗隐有一首《七夕》，生动描述了当时的风俗："络角星河菡萏天，一家欢笑设红筵。应倾谢女珠玑箧，尽写檀郎锦绣篇。香帐簇成排窈窕，金针穿罢拜婵娟。铜壶漏报天将晓，惆怅佳期又一年。"

侗族祭桥、添桥、砍桥

在贵州三穗、剑河、天柱等地的侗寨里有祭桥、添桥和砍桥的习俗。祭桥一般在大年除夕这天进行。侗胞认为阳世间人人都有一座自己的灵魂桥，这桥是投胎时由阴间来到阳间的必经之桥，死后又由这桥回到阴间去。祭桥时把身上的一绺棉线和一包茶叶、盐巴放到桥下，以示自己的生命时时与桥同在。

添桥是孩子生病时在属于孩子的桥旁边添上一根新杉木，杉木系上一块红布（需是家织布），以招呼孩子失落的灵魂从系有红布标志的桥上转回家，且祈求桥头婆婆保佑孩子平安无事。

砍桥是一种桥占。孩子病重时，是灵魂误上了别人的桥，此时得请来巫师砍断孩子误上的桥。巫师把一双筷子架在盛满水的碗口上，一刀砍去，筷子断成两截，而碗里的水不溢出，说明孩子的灵魂平安无事，不会再误上别人的桥；如果溢出，则为凶兆。

苗族正月十五禳桥日

贵州省三穗县南部的寨头村的苗族人民春节过得颇具特色，正月十五禳桥日后春节才算过完。所谓十五禳桥日，就是到桥头祭祀，消除灾祸。去禳桥的人都是男人，女人去的极少，这是当地的风俗。人们来到山地桥之后，便迅速地寻找地方架锅烧水，把鸡鸭拿到桥上去杀，并把血淋在桥上；然后把鸡鸭放进锅中去烫，之后把毛摘净，把鸡鸭煮熟。这时，人们才把这熟鸡熟鸭拿到桥上去禳，再把所要禳的祭品（刀头、糍粑等）都摆在桥上，烧香化纸。事毕，即在原地聚餐。

朝鲜族踏桥与过人桥

农历正月十五上元节这天晚上，朝鲜族男女老少会在月光下举行踏桥活

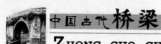
动。踏桥，也叫跺桥。朝语中"桥"和"腿"词同音，踏桥意思为练腿。踏桥时，每人要在桥上往返几次至几十次不等，总次数必须与自己的岁数相等，以求一年之内腿脚无病。朝鲜族八月十五嘉徘节（朝鲜族语意思是"秋夕"，就是汉族的中秋节）夜晚也有踏桥的习俗。

在旧时的上元节，朝鲜族妇女还要进行一种"过人桥"的户外游戏。"过人桥"又称为"踏铜桥"或"踏瓦"。这天，村里的妇女们成群外出，数十人弯腰相抱，连接成"人桥"，最后一人在左右同伴的扶持下从人桥上走过，走下人桥后立即弯腰接桥，循环往复，可以一直玩到深夜。有时还伴有歌咏，一人领唱："是何桥？"众人齐答应："清溪山的铜桥！"做这个游戏也是为祈福避灾。

布依族十五赶桥会

相传在很久以前，北盘江畔有一对布依族青年为挣脱包办婚姻，在正月十五这天双双远走高飞。他们的父老族长却借北盘江神的威力将他们隔在激流两岸。被拆散的鸳鸯，只能隔河相望，苦苦相思。一位山里的大仙为他们的诚心所感动，在七月十五这天，教男青年用茅草扭成 15 根茅草索抛向河面，随即化成有 15 根铁索的铁索桥，一对有情人终于团圆。此后，每逢正月十五和七月十五，盘江两岸方圆百里村寨的布依族青年们，就聚集在铁索桥上，为爱情的自由而欢歌。他们穿着新衣服，从四面八方成群结队而来，会集在桥头，举行浪哨、交游、对歌、甩花包、吹唢呐、拉牛角二胡、吹洞箫、弹月琴等富有民族特色的活动。从早到晚，桥头上人山人海，歌声笑语如潮，要等到夜晚月亮出来，人群才渐渐地散去。

知识链接

景颇族过草桥

所谓的草桥是在新郎家的门前，搭起长 2～3 米、宽 15～20 厘米的桥，并在桥的两边栽上大叶的"公巴草"草丛。草丛中立有木桩，每个木桩代

表一个鬼，如祖先鬼、婚礼鬼等。新娘要由新郎的弟弟或者侄子引领过草桥，意在洗去新娘身上一切不好的东西，希望新娘婚后身体健康，勤劳聪慧，多子多福。景颇族人认为，如果不过草桥，不举行仪式，就不算正式结婚。

壮族红桥之俗

和毛南族相似，广西河池、柳州的部分壮族也有架"红桥"之俗。久婚不孕或子女多病的妇女在河边或沟渠上架一根竹子或木条，上面悬上红线，贴上红纸。这就是"红桥"之名的来历。数天以后将竹子或木条拿回家，挂在祈嗣的夫妇的卧房门上，逢年过节烧香祭拜。如果红桥灵验，还要举行还愿仪式，在家中安放花婆的神位。因为壮族人民认为，无论男女老少，都是天上司生育之神"花婆"花园里的一朵花。

水族暖桥

贵州水族人也有架桥求嗣的习惯。如果某家女子久不生育，即举行"暖桥"求子仪式，请女巫"过阴"。女巫说："下界官人（鬼的尊称）非不欲送子给你家，只因来到你家必经之路，有某河某沟隔住（或路过远），无桥（或石凳）可渡（或休息），无法前来，你家在某河某沟（或某路旁），修造桥梁（或石凳），子女来时，有渡处，便能到你家。"某家于是择吉日修造石桥或石凳。造好后，用稻草在桥上铺成席，桥四周插竹签，摆好肉食，与亲友在桥上共食，食剩的棕叶、蛋壳一定要留在桥旁，表示桥神领受之意。然后将桥上的稻草在桥旁焚烧，即"暖桥"。最后，家属把桥头的纸竹签按红蓝白色（蓝红色代表男孩，白色代表女孩）各取一份或数份带回家。拔取竹签时，口呼："孩儿，回家去吧。"这样就深信孩童的灵魂已附于竹签上带回家去了。

知识链接

诸葛亮、唐明皇、杜甫与万里桥

横跨成都老南门南河的万里桥，俗称老南门大桥，大约始建于战国时秦国蜀郡太守李冰在任时。该桥初名长星桥，到了三国时期，不知怎么就被人称为万里桥了。

万里桥的得名和三国时蜀相诸葛亮结好吴主孙权有关。诸葛亮在幼主刘禅即位后，考虑修复和东吴的关系，就派大臣费祎出使东吴。唐代李吉甫在《元和郡县志》中记载道："万里桥，架大江水，在县南八里。蜀使费神聘吴，诸葛亮祖（饯行）之。祎叹曰：'万里之路，始于此桥。'因以为名。"还有一种与此不同的说法见于宋代刘光祖的《万里桥记》：相传三国时，东吴使者张温访蜀后，取水路回国，诸葛亮送他到此桥上，对张温说，这座桥下之水可通达万里之外的扬州。可能是后人为了纪念诸葛亮治理成都有功劳，就把这座桥叫作"万里桥"了。

唐代著名诗人杜甫有名句"窗含西岭千秋雪，门泊东吴万里船"，这句诗中的"万里"除了指出顺长江而下到达东吴地区路途有万里之遥外，还有就是指杜甫所居草堂旁边的成都万里桥。

彝族架桥撞名

一些地方的彝族有"架桥撞名"的习俗。这个习俗是说如果孩子在一岁之前经常啼哭，就要抱到路上去"撞名"。准备一瓶酒、一只熟鸡、一锅饭、一个小木桥，将酒、鸡、饭放在靠近小沟的地方，把桥搭在小沟上，抱着孩子躲在附近的草丛树林中，一旦发现有20岁以上的男人从小桥上走过，马上跑出来把他拉住，扯下过桥人的一个衣扣，抱孩子拜之，要求他给孩子取个名字。过桥人则把孩子接到手，向东南西北各拜三次，从此过桥人就成了孩子的干阿爸。拜认完了，大家便在原地生火热鸡、热饭，同吃同喝，临别时互留姓名住址，以后经常来往。云南德宏州梁河县阿昌族也有"架桥闯名"的认干爹方式。这些和哈尼族的更名仪式有异曲同工之处。

华东地区的古桥

华东地区，或称"华东"，是我国东部地区的简称，大致包括上海、江苏、浙江、安徽、福建、江西、山东等地。华东地区地形以丘陵、盆地、平原为主，古桥众多，并以拱桥居多。这一地区见于记载和存留到现在的著名拱桥，如江苏苏州山塘桥、横塘普福桥、横塘彩云桥、玳玳河上的宝带桥、吴江垂虹桥，浙江杭州的拱宸桥，江西南城万年桥等，都是人尽皆知的。

第一节
浙江古桥

 一行到此水西流——浙江天台丰干桥

在浙江中部有一座云雾缥缈的天台山，天台山五峰环抱，其中，有一座始建于隋代（589年）的古刹，名为"国清寺"。此寺乃我国汉化佛教第一宗——天台宗的祖庭，也是日本、韩国天台宗的发源地。天台宗是隋唐时期最早成立的具有鲜明中国本土特色的佛教宗派，因其实际创立者智者大师常住浙江天台山而得名。

去国清寺，必定经过一座桥，名为"丰干桥"。此桥建于宋景德三年（1006年），原名"玉峰双涧桥"，后为纪念唐代贞观年间国清寺的丰干禅师而更名。此桥为单孔石拱桥，长14.4米，拱圈呈圆弧形，净跨10.7米，桥面用卵石铺筑。

丰干桥下，就是天台八景之一的"双涧回澜"。发源于天台北山的北涧和发源于灵芝峰黄泥山岗的西涧之水至此汇合，向东流入赭溪。北涧自北山而下，曲折奔流几十里到达国清寺；而西涧从灵芝峰上一泻而下，流程只有二三里。西涧之水晶莹清澈，而北涧之水混沌黄浊。夏秋大雨时节，溪水满盈，一清一黄，交汇激荡，尤为壮观。

桥北头西侧有一石碑，高约2.5米，宽约0.8米，上书"一行到此水西流"。这里流传着《旧唐书》上记载的一段"访师求教"的佳话。

一行禅师（683～727年），姓张名遂，河北巨鹿人，唐代开国功臣张公瑾的后裔。张遂自幼天资聪颖，刻苦好学，博览群书。青年时代他到长安拜师求学，研究天文和数学，卓有成就，成为著名的学者。

张遂生活在武则天当政期间。女皇武则天的侄子武三思当时身居高位，他沽名钓誉，到处拉拢文人名士以抬高自己，几次想跟张遂结交。但张遂不愿与他为伍，愤然离开国都长安，去了嵩山剃度出家，法号"一行"。所以，世人称他为"一行禅师"或"僧一行"。

　　一行禅师不仅仅是位大德高僧，翻译了《大日经》，而且精通历法和天文，是中国历史上著名的科学家。

　　公元712年，唐玄宗取代了武则天即位，大唐又恢复到了男人执掌天下的时代。唐玄宗得知一行禅师精通天文和数学，就把他召到京都长安，做了朝廷的天文学顾问。

　　开元九年（721年），因为当时通行的《麟德历》推测日食不准，唐玄宗就叫一行禅师研究诸家历法短长，改编新历。一行禅师演算历法时遇到了障碍，他到处请教，总是不得要领。当得知远在江南天台山的国清寺有位精通算学的高僧达真时，48岁的一行禅师义无反顾地背起行囊，从春寒料峭的皇城出发了。

　　这一天，正是连日大雨之后，达真大师正与僧众一起在寺内排筹布算。算着算着，他突然说："今天合当有一位弟子前来求算。"过了不久，达真

丰干桥

大师又自言自语道:"门前水西流,远客该到了!"僧众都感到十分奇怪,纷纷窃窃私语。就在僧众疑惑的时候,山下的知客僧匆匆跑来禀告达真大师:"京都一行禅师到!"达真大师立即率领僧众步出山门,和一行禅师在丰干桥上稽首相见。就在一行禅师刚刚迈上丰干桥的时候,奇迹发生了:只见来自北山的北涧因大雨而涧水暴涨,浑黄的湍流狂泻而下,与来自灵芝峰的西涧清流汇合于丰干桥下,两涧合流,涧水猛涨,下游一时难以泄洪,北涧浊流遂倒流入西涧,滔滔滚滚,漱石拍岸。达真大师站在桥头对僧众说:"你们看,一行不远万里来学算法,连流水都为之感动呢!水都能倒流,又何愁历算不成!"从此,丰干桥头就留下了"一行到此水西流"的传说。

侗乡"花桥"——新昌风雨桥

风雨桥建于嘉庆十九年(1814年),位于浙江省新昌县东南约40千米的巧英乡上三坑村,在旧时三泾至宁海的古道上。此桥因能为过往行人遮风避雨,故而得名。今存风雨桥为木拱桥,桥面上有桥廊可供行人避雨小憩和村民乘凉聚谈。该桥长16.8米,宽4.78米,水底至桥廊檐高8.13米。桥廊用26根木柱支撑,每边13根,两侧用木制板作桥栏。桥脚为23根圆木按两个"八"字形组合而成,其中14根木柱嵌进两岸石坎中,上铺桥板。1992年5月,我国桥梁专家唐寰澄教授经过考察,认为此桥应是从宋代《清明上河图》中简化而来的。

风雨桥为侗族独有的桥。在湖北、湖南、贵州、广西等地分布较为广泛。由桥、塔、亭组成。全用木料筑成,桥面铺板,两旁设栏杆、长凳,桥顶盖瓦,形成长廊式走道。塔、亭建在石桥墩上,有多层,檐角飞翘,顶有宝葫芦等装饰,被称为"世界十大最不可思议的桥梁"之一。

风雨桥,也称"花桥",是侗族的一种交通形式,多建于交通要道,既方便行人过往歇脚,也是迎宾场所。风雨桥通常由桥、塔、亭组成,用木料筑成,靠凿榫衔接,风格独特,建筑技巧高超。建桥时,没有用一颗铁钉,只在柱子上凿通无数大小不一的孔眼,以榫衔接,斜穿直套,纵横交错,结构极为精密。其坚固程度不亚于铁、石桥,可保存二三百年而不被损坏。桥面铺板,两旁设置栏杆、长凳,形成长廊式走道。石桥墩上建塔、亭,有多层,每层檐角翘起,绘凤雕龙。顶有宝葫芦、千年鹤等吉祥物。历来由民众集资、

广西侗族风雨桥

献工、献料建成，桥头立石碑，镌刻捐资、献工料者姓名。

风雨桥也是侗族建筑艺术的一朵奇葩。在侗乡，纵横交错的溪河上都建有风雨桥，人们根据自己的爱好和河床的宽度大小，设计出各式各样的风雨桥，不过在众多的风雨桥中，以亭楼式的风雨桥居多，这种风雨桥于长廊顶部竖起多个宝塔式楼阁，楼阁飞檐重叠，少的有三层，多的达五层。桥身庄重巍峨，如巨龙卧江，气吞山河，十分壮观。桥面两侧有精致的栏杆和舒适的座位，可供人们休憩。桥壁上或雕或画，有雄狮、蝙蝠、凤凰、麒麟等吉祥物图案，形象诙谐洒脱，古色古香，栩栩如生。据传，风雨桥建在溪河上不仅仅是给人们的交通提供便利，而且还有镇邪和留财之意。

风雨桥都是以杉木为主要建筑材料。棚顶都盖有坚硬严实的瓦片，凡外露的木质表面都涂有防腐桐油，所以这一座座庞大的建筑物，横跨溪河，傲立苍穹，久经风雨，仍然坚不可摧。这些兴盛于汉末至唐代的古建筑，结构严谨，造型独特，极富民族气质。

七折边形单孔石拱桥——绍兴广宁桥

广宁桥位于浙江省绍兴市广宁桥直街东端，横跨漕河，南邻八字桥，与

广宁桥

大善塔相望。

广宁桥为绍兴现存最长的七折边形单孔石拱桥。桥上设置栏杆。拱券为纵联分节并列式砌置，券顶镌刻有《鲤鱼跳龙门》《金龙伴玉兔》等六幅圆形石雕，十分精致。桥脚内各设有纤道。桥东侧的南北引桥壁上各嵌有石碑一块，桥北端西侧有《重建广宁桥记》石碑一块。

广宁桥全长 60 米，宽 5 米，高 4.6 米，净跨为 6.1 米。桥南有 16 级石阶，长 25.3 米；桥北有 20 级石阶，长 26.3 米。全桥共有桥栏柱 24 根，均雕以倒置荷花图案，显得优雅大方。此桥的抱鼓（桥两端形似圆鼓的人工雕琢的石制构件）长 3.7 米，高 0.65 米，厚 0.2 米——如此长的抱鼓实属少见。桥拱下设有纤道，可供行走。因桥上桥下有两条道路交叉通行，故又有"古代立交桥"之称。

浙江绍兴题扇桥

题扇桥位于浙江省绍兴城区萧山街，因王羲之在此为老妪题扇而得名，说明此桥在东晋时已存在。据嘉泰《会稽志》中记载，现桥始建于宋朝嘉泰以前。在道光八年（1828年）重修。该桥桥拱为纵联分节并列砌筑。弧型桥栏较为少见。桥上原有石灯杆，为路人照明。现桥边仅存灯杆石插座一个。从该桥的风化程度可判断其为宋朝以前桥梁。该桥长3.8米，宽4.3米。桥坡石阶各为19级。从宋朝以后的志书中可以肯定题扇桥在此地未做过变动。在清光绪年代的《策府统宗》一书中的《浙江古迹》条目里仅列题扇桥为绍兴古桥代表。该桥为绍兴市文物保护单位。

避浪而居安全港——绍兴避塘桥

避塘桥位于绍兴东浦镇湖口村东的湖面上。有避塘横穿此湖，避塘桥就在避塘之中。风起时，避塘的一侧湖面有浪，另一侧无浪，船只可以从避塘桥进入无风一侧的湖面避风。

据嘉庆年间的《山阴县志》记载："明天启中，有石工覆舟，遇救得免。遂为僧，发愿誓筑石塘。十余年不成，抑郁以死。会稽张贤臣闻而悯之，于崇祯十五年（1642年）建塘六里，为桥者三，名曰天济，盖罄资产为之，五年而工始竣。"

从塘上的捐资碑记载可知，清代嘉庆、咸丰、同治和宣统年间均曾对此桥进行过修缮。今塘桥基本保持清代原貌，全长3.5千米。塘桥基部以条石垒叠，上铺长约2米的青石板。每隔500米左右筑一座石拱桥，全段共有5座，并建有一座石路亭。该桥现为浙江省文物保护单位。

避塘桥

一段西湖梦，千年不了情——杭州西湖断桥

西湖之美，美在动静皆宜。安静时，山峦如黛，花如美人面，拂过的清风像醇甜的美酒一样醉人，平静的湖水好像一块碧绿的绸缎；而当天上的雨水和地上的湖水连成一片的时候，又是另外一番景象。天上人间的水好像都汇聚到了一起，缠缠绵绵，朦朦胧胧，而又意犹未尽。那雨如同一道道珠帘，让爱情在其中上演。就好像是在断桥，许仙初遇白素贞的时候那样吧！

提到断桥，在中国，不论男女老幼，不管是否去过杭州西湖，都能说出个大概来。流传千年的白素贞与许仙的爱情故事就开始于断桥之上。

千百年来，人们盛传雷峰塔的塔砖有捍卫、巩固爱情的妙用，于是许多朝拜雷峰塔的香客，往往在烧香之后偷偷地拆一块塔砖带回家去。日复一日，有一天雷峰塔终于轰然倒塌，而断桥却依然风情旖旎。

《白蛇传》不只是神话，还是人们对一种最唯美的爱情的向往。断桥，白娘子与许仙在此雨中相逢，借伞定情；又在此邂逅重逢，言归于好。断桥因此成为情人之桥，成为一场爱情的见证者。它让瞬间变成了永恒。断桥之上的一次邂逅，让一颗冰封了千年的心为一个平凡却满心痴情矢志不渝的男子而融化。纵然百转千折，纵然阻力重重，但分不开的始终是那两颗相爱的心。这份爱情，自然、纯粹，所以流传千古。

"断桥"这个名字的来源有很多种说法：一说孤山之路到此而断，故名；

一说段家桥简称"段桥"，谐音为"断桥"；一说古石桥上建有亭，冬日雪霁，从山上远眺，桥与堤貌似断裂，得名"断桥残雪"。不论哪一种说法，真正让断桥留在人们心中的还是白娘子与许仙的故事。

现在的断桥建于 1921 年，是一座拱形独孔环洞石桥，1941 年改建过，20 世纪 50 年代

西湖断桥风光

又修饰过。桥东存有清康熙帝题景碑亭，亭侧建水榭，题额为"云水光中"。

知识链接

浙江绍兴荷湖大桥

　　荷湖大桥，又名"登瀛桥""古荷湖桥"，位于浙江省绍兴县斗门荷湖村。该桥为 11 孔石梁平桥，4 个高孔，7 个低孔。高孔一端用 9 层石级抬高，中间实体桥墩上用实墩加高。低孔采用石排桩式桥墩，两排石排桩之间搁置石梁，组合成宽墩，有些外面还加框。桥面较宽，桥头一端采用坐凳桥栏。从远处看，此桥高低起伏，宛若一条长龙跃过江面。此处原为内河出海口，建桥难度极大，历代曾多次重修。现存桥为乾隆年间重修。

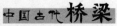 横跨真诏溪——新昌大庆桥

大庆桥位于浙江省新昌县沙溪乡真诏村西，横跨真诏溪上。该桥为3孔石拱桥，全长56米，宽4.7米，高9米。桥孔跨径分别为13米、13.9米和13.2米。条石干砌的桥礅立于岩石之上，设有分水尖。两边各有32级石阶。桥建成于咸丰十一年（1861年），时人俞

大庆桥

维乾募建。据说该桥于当年七月七日告成，因七月乃大庆之月，故名"大庆桥"。现此桥为绍兴市最长的石拱桥。因绍兴市区解放南路也有一座大庆桥，是一座半圆拱古桥，为了区别二者，又把新昌的大庆桥称为"真诏大庆桥"。

过去，此桥是沟通沙溪到董村的主要通道。桥面上用嵌花鹅卵石铺就，夏日便成为村民纳凉谈天的场所。桥头还开有一个冷水孔，水质清纯，并备有茶杯，供过往行人解渴饮用，足见真诏人的淳朴厚道。

路达南北，水通东西——绍兴泗龙桥

泗龙桥位于浙江省绍兴市鉴湖乡鲁东村。该桥由3孔半圆联拱桥与20孔石梁桥组成，全长96.4米，宽3米；3孔拱桥净跨分别为5.4米、6.1米、5.4米。3孔主桥桥拱为纵联分节并列砌筑，桥礅为薄礅结构。桥上有两间

泗龙桥

壁，间壁上刻有桥联："建近千年路达南北，名驰廿眼水通东西。"说明该桥始建于宋朝。据考证此桥重建前的原桥应是宋朝诗人陆游在诗中多次题咏的鲁墟桥。

泗龙犹如一条长龙横跨鉴湖，气势宏伟壮观。泗龙桥设计合理，造型别致，既便于通航，又有利于沟通两岸交通，省工省料，是一种适合河道

较宽、水流平缓的桥梁类型，具有较高的研究价值。

 知识链接

浙江绍兴古小江桥

古小江桥位于绍兴市区萧山街口，大江桥侧，为南北向横跨古运河的单孔半圆形石拱桥。是著名文学家江文通的故居所在，故名"江桥"，始建于宋代。桥面长23米，宽3.15米；桥高4.2米，拱高2.8米，桥拱跨径为5.5米。桥坡台阶各为15级。桥拱为分节并列砌筑，桥上设石凳式桥栏。该桥是古代山阴、会稽两县的重要分界桥。过去站在小江桥上可以看到大善塔。桥西侧立有"永作屏藩"碑。屏藩有屏障、保卫、藩篱之意，此碑意为山阴、会稽二县的分界标志。虽然以后历朝历代都进行过修缮，但桥型不变，故称为"古小江桥"。该桥为绍兴市文物保护点。

中国古代的立交桥——绍兴八字桥

浙江绍兴的石桥很多，有的构造纤巧，线条优美，轻柔得如同凌波欲飞的仙子；有的结构简单，仅有一长石横卧水面，便驮起了人间重负；有的巧夺天工，构造奇特，成为当地知名的人文景观。被列为浙江省重点文物保护单位的八字桥，因其历史悠久，风格独特，很早就成为游人访古览胜的名桥。八字桥位于绍兴城区八字桥直街东端。据《嘉泰会稽志》记载，该桥始建于南宋嘉泰年间（1201～1204年），重修于南宋理宗宝祐四年（1256年），现桥下西侧第五根石柱上刻有"时宝祐丙辰仲冬吉日建"字样，被认为是重修日期。八字桥以石为建筑材料，结构独特，造型奇妙，被誉为中国古代的立交桥，是中国古代石桥的杰作之一。

八字桥

八字桥的名称与桥的结构设计有关，据《嘉泰会稽志》记载："八字桥在府城东南，两桥相对而斜，状如八字，故得名。"八字桥的设计很有特点，它是顺应绍兴城区已经建成的街道布局，利用现有地形条件，在不改变现有房屋与街区分布形态的基础上而建成的石桥。八字桥所在的位置刚好处在三街三河的交错点上，一条由会稽山麓自南而北逶迤流来的河流穿过这一交错点，东西又各有一条小河与主河道相通。八字桥主体则顺应这一地势，呈东西向横跨在主河流上，然后再继续顺地势向东西两侧展开。由桥心向东分别从南北下数级石阶，形成阶梯，其间建有一座休息平台；南面石阶尽处，又是一座石板平桥；由桥心往西，宽阔平坦的石级一直延伸到八字桥直街。这样，东西两桥因地势而成形，相对而呈斜状，宛似"八"字，此桥因而得名。

八字桥是一座石壁石柱墩式石梁桥，构造别具一格，为单洞土头式。每面竖立九根荷花串栏石柱，石柱上雕刻有精美的图案，雕工精细，栩栩如生。护栏下用云拱斗子，云纹凸出。柱高约4米，上为石梁。石柱支在两层大条石上，条石高1.8米，石柱紧贴在两侧金刚墙上。桥南落坡有纤道，但未穿过主孔。该桥三向四面落坡，其中二落坡下再设二桥洞，解决了三街三河复杂的交通问题。桥高5米，跨径4.5米，桥面宽3.2米，桥东西长27米；桥东的南北向落坡各为12.4米、17.4米，桥西的南向落坡为14米，西南落坡为17米。据《嘉泰会稽志》及民国《绍兴县志资料》的记载，我们可以初步断定这是我国现存最古的有文字记载的城市梁桥。

我国著名桥梁专家陈从周先生曾说，八字桥是我国最早的"立交桥"。八字桥陆连三路，水通南北，南承鉴湖之水，北达杭甬古运河，为古代越城的主要水道之一。即使在今天，八字桥仍然默默地为人们做着贡献。

梅墅堆琼漱玉泉——嵊州访友桥

访友桥位于浙江省嵊州市新山乡白宅墅村口。桥长5.2米，宽3米，高10米。传说时任浙东常平茶盐使的朱熹来嵊州赈灾，访故友吕规叔，二人相遇于桥上，桥因此而得名。此桥为单孔三折边拱桥。该桥为嵊州市文物保护单位。

访友桥桥下潺潺的溪水从桥东面双口"吕"字井边流出，缓缓地流过访友桥往西流去。

史传吕规叔因不满朝政，辞去监察御史的显职归隐鹿门，并创办鹿门书院。宋淳熙九年（1182年），朱熹来嵊州赈灾，并上鹿门寻访故友吕规叔，恰巧于村口桥上与故友相逢。桥下有清泉淙淙，谓之"漱玉泉"，声如佩玉丁冬，朱熹触景生情，欣然于桥旁题写"石泉漱玉"四字，"访友桥"也因逢两位宋代大儒而得名。现今的访友桥经清光绪十九年（1893年）重新修缮，朱熹亲笔题名的"石泉漱玉"几个字仍完好无损地镌刻在桥旁的一块青石上。

过访友桥西200米处，坡地突起一片巨石，名曰"叠书岩"，是朱熹与吕规叔坐而论道之处。当年村西四周梅树环绕，暗香飘动，琼花竞放。

访友桥

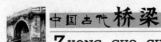
村西迭书岩上朱熹题的"梅墅堆琼"阴刻行书经受了800年风霜雨雪的侵蚀,更显古朴苍劲。

 知识链接

如龙桥遗梦

如龙桥位于浙江省庆元县举水乡月山村,始建年代已不可考,重修于明天启五年(1625年)。

如龙桥是我国现存最早的一座木拱廊桥。木拱廊桥不仅是我国传统木构桥梁中技术含量最高的品类,而且是世界桥梁史上绝无仅有的一个品类。如龙桥全长约28米,宽5米,由木拱架和廊屋两部分构成。在浙南一带,像如龙桥这样的木拱桥又称为"蜈蚣桥"。专家认为,这种结构有很好的受压性能,只要把两个端部固定,桥就能很好地承受向下的负重。但是,由于结构的特殊,桥会受到向上的反弹力,因此也很容易遭受破坏。为此,"蜈蚣桥"都采用了廊桥的这种形式,桥上建廊非但不是负担,因与桥上向上的反弹力相抵冲,反而增加了桥的稳定性。

如龙桥桥内由数十根粗大的木头纵横组合铆接,形成架设廊屋的拱骨平面。廊桥楼、桥、亭三者相结合,有廊屋九间,桥两端设阁,廊屋顶部饰藻井图案。桥廊的风雨板上开设宝瓶形、圆形、扇面形、梅花形等形状各异的小窗,十分别致。廊屋当中一间设有佛龛,佛龛上额悬挂着一木匾,上书"如龙桥"三个大字。

 密封防雨贯木拱——云和梅崇桥

在闽浙一带的山区有一种木桥,过去人们一直认为是八字桥结构,现在经过有关专家研究，重新认定这种桥实际上是经过改进的虹桥结构。与虹桥的不同之处是，这种桥有平坦的桥面。浙江云和梅崇桥就是其中的代表。

梅崇桥位于云和县沙溪区英川乡，据考证是福建福宁府木匠李正满等人在清嘉庆七年（1802 年）所建。这座桥长 51 米，跨径 33.4 米，宽 5 米，水面以上高 10 米；拱骨大头的径长 40 厘米，拱骨梢的径长 20 厘米。桥上盖有桥屋，而且从屋檐以下到桥的侧面，都钉有薄木板用来防雨，整座桥的外形就好似三折边的撑架拱。

从结构上来看，梅崇桥有两个层次。第一层次与虹桥一致，由三根长拱骨组成，当地俗称三节苗。第二层次则与虹桥不一样，它由长短不一的五根短拱骨组成，当地俗称五节苗。第一层次共九组，第二层次共八组，但第二层次最上面那根水平拱骨，通过横木，由八根变为九根，从而和第一层次对齐。每层次拱骨的交会点都榫接在节点的横梁上。桥面木梁的一端榫接在第二层次的上部横梁上；另一端紧紧地顶在端柱排架上，中部的支撑排架把受力传送到第二层次的下部拱骨上。桥两边的斜坡木结构中还设有横向斜撑，目的是保证桥梁结构的横向稳定性。桥台是用卵石干砌的，桥梁的木结构就支撑于其上，这样木结构离水面较远，不仅排水性能比较好，还可以有效地防止木材腐烂。

梅崇桥式的贯木拱，与汴梁虹桥式的贯木拱相比，有了很多改进。第一，梅崇桥改拱形桥面为平坡桥面，坡度大大减小，从而避免了上下桥的难度。第二，梅崇桥的第二层次改为五根拱骨，支撑更加稳固。第三，第一、二层次密切结合在一起，变各自的不稳定结构为联合稳定的结构。第四，桥台及所填砌的石块都采用干砌大卵石，排水通畅。由于木结构全部密封防雨，因此木料可以经常保持干燥，不易腐朽。迄今为止，梅崇桥已存在 200 多年，假如没有人为损害，再维持几百年也不是不可能。这在木桥的历史上是极为罕见的。

最美的"廊桥"——泰顺泗溪东桥

泗溪东桥位于浙江温州泰顺的泗溪镇下桥村，始建于明隆庆四年（1570年），清乾隆十年（1745 年）、道光七年（1827 年）重修。

泗溪东桥为叠梁式木拱廊桥。桥长 41.7 米，宽 4.86 米，净跨为 25.7 米，离水面约 9.5 米。桥拱上建有廊屋 15 间，中间高起的几间为楼阁。廊屋屋檐

泗溪东桥

翼角飞挑，屋脊青龙盘绕，颇有吞云吐雾之势。此桥没有桥墩，由粗木架成"八"字形伸臂木拱，这在古桥中颇为罕见。

东溪早先是以碇步渡水，津道多阻，很不方便，于是白粉墙村先贤林正绪提倡首建蜈蚣桥（即溪东桥）。林正绪生性正直，好行义举，乾隆癸亥年（1743年）邑侯张考首书"达尊有二"匾相赠。此桥修建者是修北涧桥的人的徒弟，故而有人也将这两桥并称为"师徒桥"。此桥外型美观，号称中国"最美的廊桥"。

世界上最早的"廊桥"——泰顺三条桥

三条桥位于浙江省泰顺三魁镇薛宅村，处于温州溪乡和洲岭乡的交界处。该桥由原先三条巨木跨河为桥而得名，始建于宋绍兴七年（1137年），重建

三条桥

于道光二十三年（1843 年），现为木叠梁拱式廊桥。该桥全长 26.63 米，宽 4 米，离水面约 10 米。桥呈"八"字形伸臂，其上建有 11 间桥屋，明间 5 架抬梁，柱头有碟形莲花瓣头拱座，是泰顺历史最悠久的木拱廊桥，也可能是世界上最早的"廊桥"。当年在拆旧桥时发现其中有贞观年号的旧瓦，因此有人猜测三条桥最早可能建于唐代。

三条桥古朴优美，在桥身木栏板上有一首无名氏题写的《点绛唇》："常忆青，与君依依解笑趣。山青水碧，人面何处去？人自多情，吟吟水边立，千万缕，溪水难寄，任是东流去。"

1982 年，三条桥被列为泰顺县第一批文物保护单位，后列入浙江省省级文物保护单位。

2006 年作为泰顺廊桥的 15 座单体之一，三条桥成为第六批全国重点文物保护单位。

机牙任信缩，涨落随高低——临海灵江浮桥

灵江浮桥即历史上的中津桥，位于今天浙江省临海，因其独特的立体交叉构造，成为历史上有名的潮汐浮桥。《临海县志》记载："中津桥在兴善门

灵江浮桥

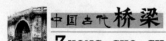

外金鸡岭下，宋淳熙八年（1181 年）由郡守唐仲友创建，长八十六丈，广一丈六尺。"因为灵江地理位置近海，所以受到潮汐影响很大，潮涨潮落，水面落差达数米之多。在这样的江上建造一般的浮桥，每天都需要调整桥面的高度、主索的长度，甚至拆装组成浮桥的舟节，将会非常烦琐。经过实地考察、测量，在一般直浮桥的基础上进行改进，通过不断的构想与实验，人们终于发明了潮汐浮桥。

修建过程中，人们把每两只船组成一联，一共用 50 只船组成了 25 联，也就是 25 舟节，然后用缆索、地锚、锚锭等锚固设备把这 25 舟节连接起来，并加以固定，一座浮桥就初具规模了。但是这样的浮桥与一般的直浮桥并无二致。灵江浮桥的别致之处，就在于它的两端都设有栈桥。为了使浮桥适应潮汐涨落的影响，人们在桥与两岸之间修建了木筏，系在 20 个立柱上，木筏下面还固定有楗，从而形成了栈桥。这样，浮桥一端固定在岸边，另一端采用桥面可以升降的栈桥与江岸衔接，就可以随着晨昏潮汐的起伏随时变换坡度了。苏东坡曾经用"机牙任信缩，涨落随高低"来描述灵江浮桥的这个特点。灵江浮桥的这种建筑方法已经非常接近现代浮桥的做法了。

灵江浮桥在建成之后的悠久岁月里，为两岸的交通往来，做出了重要的贡献。在灵江浮桥 700 多年的历史中，与别的古桥一样，它也没有逃脱被毁坏又被修复的命运。但是，旋毁旋修，灵江浮桥幸运地保存了下来。直到1964 年，在临海修建了公路大桥，为了保护古桥，人们把它迁往县城西门外上津浮桥原址。于是，灵江浮桥得以继续发挥它的作用。

浮桥靠近西门一侧的下面设有桥孔，专门为了来往船只而设。过船孔两侧的木船上竖立着高 1.2 米的木排架，自水面至桥面留有净空 2.2 米，这样的设计可以使船只通行自如，从而满足了航运的要求。因此，灵江浮桥完全是一座立体交叉式的桥梁。

行道有福祖师桥——新昌如意桥

如意桥，又名"丁公桥"，位于浙江省新昌县拔茅镇丁公桥村，为半圆型拱古桥。因该桥建造者为丁天松，所以村名、桥名应都是纪念这位造桥能匠的。此桥取名"如意"，当是匠人的得意之作。

如意桥因桥堍有一座祖师庙，故也称"祖师桥"。该桥建于元代，明、清两代多次大修，于清乾隆年间重建，故桥身整齐优美，犹如新建一般，所以又称

如意桥

之为"新桥"。桥型为单孔石拱桥，桥长20.8米，宽3.4米。全桥石料为一色花岗石，打凿整齐，桥面雕凿盘龙。桥的右端有如意图案，在桥的壁柱上还刻有对联。

考虑到游人登桥休憩，如意桥的建造者们在桥的北塊修建了一条长石板凳，可同时坐七八个人。石凳上凿刻有"行道有福"四字。

如意桥不仅历史悠久，而且保存得最好，于1994年被列为青浦县第四批文物保护对象。

古桥中的艺术珍品——武义熟溪桥

熟溪桥位于浙江省武义县武阳镇的熟溪之上。现存建筑是1946年按照清乾隆时期重建的原样修建的。廊桥为木石结构，南北走向。该桥全长140米，桥面宽4.8米，通高13.4米。该桥共设9孔10墩，迎水面砌分水尖；墩高4.4米，最大桥孔孔径约为12米。共建桥屋49间，中设重檐歇山顶的亭阁3间，两端设垂带踏道。

熟溪桥

2000年6月23日，该桥因暴雨坍塌。2001年5月，熟溪桥修复工程竣工。

在熟溪桥的中段，桥面加宽，建有双层楼阁，屋顶重檐，屋角飞翘，取名为"岁丰阁"。"岁丰阁"匾额由著名书法家沙孟海题写。另外，廊桥上还有许多其他书法名家留下的匾额和楹联。

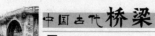
知识链接

桥里桥——潮音桥

潮音桥位于浙江湖州市南街东侧，俗称"桥里桥"，是"湖州三绝"之一。潮音桥建于明嘉靖十八年（公元1539年），为三孔石拱桥。桥高5.6米，长54.2米，宽5米，共27级台阶。潮音桥所在地以前是个渡口，因桥侧有一寺名为"慈感寺"，所以称为"慈感寺渡"。后来有人觉得此地很像浙江舟山岛普陀山的潮音洞，因而改名叫"潮音渡"。明嘉靖十八年在渡口建桥时，以潮音渡为桥名，故名"潮音桥"。

第二节
江苏古桥

 鲤跃龙门庆荣桥——同里富观桥

富观桥位于江苏省苏州市吴江区同里镇，旧名庆荣桥。从同里"三桥"（太平桥、吉利桥、长庆桥）之一的太平桥北面进入仓场弄，穿过富观街，就到富观桥了。该桥始建于元至正十三年（1353年），西侧桥石上镌有"大清嘉庆十有八年岁次癸酉里人募捐重建"字样。富观桥为拱形单孔桥，南北走向，全长34米，中宽2.85米，矢高5.1米，跨度9.4米。桥面设有坐栏，供过往行人小憩。桥北直角相交着两个桥塊，分别向西、北延伸，有石阶 14 级和 15 级。现在富观桥保留的石材，既留有元代初建时的武康石和明代整修时的青石，又有清代重建时的花岗石。

寒山寺外岁月愁——苏州枫桥

枫桥位于苏州城外，沿枫江两岸是无数粉墙黛瓦的江南人家，桥的一端就是千年古刹寒山寺。寒山寺始建于南朝梁天监年间（502～520 年），初名"妙利普明塔院"，唐代高僧寒山曾在此当住持，故更名为"寒山寺"。

唐代诗人张继（约 715—779 年）有一首传颂千古《枫桥夜泊》："月落乌啼霜满天，江枫渔火对愁眠。姑苏城外寒山寺，夜半钟声到客船。"枫桥因张继而名满天下，张继也因枫桥而名垂千古。

枫桥自古就是水陆交通要道，因唐代在此设卡，每当"皇粮"北运，这

枫桥

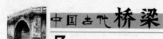

里就封河让道，所以枫桥又称为"封桥"。

当年张继夜泊时的枫桥早已不复存在了。它历经沧桑，几经毁坏，又多次被修建。今天我们所能看到的枫桥，是清乾隆三十五年（1770 年）重建、清同治六年（1867 年）再次重建、1983 年又经整修之后的。它全长 39.6 米，宽 6 米，跨度 10 米，为一座单孔石拱桥。它犹如一弯新月横跨于枫江之上，交汇于大运河与古驿道，连接着枫桥古镇与寒山寺。

知识链接

枫桥的夜半钟声

走过枫桥古镇的石板路小巷，或是站在枫桥桥头，抬眼即可见碧瓦黄墙的寒山寺坐落在绿树丛中，院内青松翠柏，曲径通幽。唐朝诗人张继途经寒山寺，留下传唱千古的《枫桥夜泊》一诗："月落乌啼霜满天，江枫渔火对愁眠。姑苏城外寒山寺，夜半钟声到客船。"诗韵钟声千载流传，寒山古刹因此名扬天下。寺内古迹甚多，除张继诗的石刻碑文外，还有寒山、拾得的石刻像，文徵明、唐寅所书碑文残片等。寺内主要建筑有大雄宝殿、庑殿（偏殿）、藏经楼、碑廊、钟楼、枫江楼等。

寒山寺的"夜半钟"，原为唐代所铸，可惜早已不知下落。明代嘉靖年间，重铸巨钟，并建有钟楼。该钟声音洪亮，可达数里之外，可惜后来流入日本，康有为曾有诗云："钟声已渡海云东，冷尽寒山古寺枫。"以后，日本虽又送回一钟，但已不是原物。现在悬于寒山寺钟楼的大钟，为清光绪三十年（1904 年）仿旧钟式样重铸的，钟约一人高，需三人合抱其周，堪称巨制。

"夜半钟声"的习俗，虽早在《南史》中即有记载，但把它写进诗里，成为诗歌意境的点眼，却是张继的创造。现在每到年底，都有众多的中外游客来听钟声，特别是日本的多家旅行社，总要组织"元旦听钟声访华团"，每次多达数千人。

十里荷花香连水——苏州越城桥

越城桥位于苏州市郊石湖东北岸，跨北越来溪，西距行春桥数十米。该桥始建于南宋淳熙年间，元至正，明永乐、成化，清康熙、乾隆和道光年间均对其进行过修缮，同治八年（1869 年）予以重建。

越城桥为单孔石拱桥，由花岗石砌筑。桥东西走向，全长 33.2 米，净跨为 9.5 米，矢高 4.8 米，中宽 3.6 米。

越城桥

明柱上镌有联句，北面是"碧草平湖青山一画，波光万顷月色千秋"；南面是"一堤杨柳影接行，十里荷花香连水"。该桥因年久失修，桥身出现倾斜，后又被过往船只碰撞，导致部分拱券石脱落，明柱断裂，1993 年照原样修复。此桥现为苏州市文物保护单位。

横跨阊门古运河——江苏苏州上、下津桥

上津桥位于苏州阊门外枫桥路东首，跨阊门古运河，桥的始建年代尚待考证，清代中期地方典籍偶有提及，但都没有提到其历史沿革。只能看见桥身西南侧金刚墙上刻有"丙寅年河道会重建""上津桥口北口公埠"等字。以此推测，桥可能重修于清同治五年（1866 年），1984 年又重修。

下津桥

此桥为单孔拱桥，由花岗石砌筑。桥南北走向，全长 42.45 米，净跨为 12.2 米，矢高 5.9 米，中宽 3.7 米，7 排拱券石并列而立。桥额上书"上津桥"三字。桥栏为砖砌，用条石压

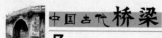

顶。桥的两坡铺设条石踏步，南为29级，北为31级。从阊门外的广济桥上向西望去，上津桥和沿河民居组成了一幅富有水乡情趣的画卷。

下津桥，又名"通津桥"，位于苏州阊门外枫桥路，跨上塘河（古运河段）。该桥始建于明成化十八年（1482年），清代重修，1984年又经重修。现桥为半圆拱单孔石桥，南北走向，全长36.7米，中宽4.8米，净跨为12.2米，矢高6米。拱券用青石并列砌置，桥身其他部位均为花岗石。桥额上书"下津桥"三字。西北部望柱刻有"光绪三十二年（1906年）秋立"数字，很可能在光绪年间也做过整修。桥的两坡铺设条石踏步，南为27级，北为32级，共59级。现为苏州市文物保护单位。

 知识链接

江苏苏州寿星桥

寿星桥，初名"营桥"，位于苏州城东望星桥北叶家弄，跨第四直河。宋《平江图》中有记载。相传南宋绍兴十年（1140年）浚河时于桥下得瓷寿星，遂改今名。其为单孔拱桥，用武康石砌筑。武康石为紫褐色，质地粗犷古朴，宋、元间苏州一带建筑物常用这种石头。桥身长18米，拱跨为4.7米，矢高2.6米，两坡设踏步。桥面栏板为1965年从附近被拆的百狮子桥移来，上有狮兽浮雕图案，或蹲或舞，生动活泼。该桥保存宋代构件较多，体量不大，造型凝重，色调拙朴，与周围垂柳、塔影和谐一致，为苏州小型古桥梁中的佳例。

众月争辉瘦西湖——扬州五亭桥

瘦西湖是扬州著名的景点，因其景色可与杭州西湖相媲美，又因其湖面瘦长，故称"瘦西湖"。瘦西湖的湖光水色园景深得我国古典造园技巧的精华，湖水曲折，或收或放，或宽或窄。湖岸两边三步一亭，五步一园，各具特色，而其中最具代表性的当属"五亭桥"。此桥横跨瘦西湖，是前往观音山、平山堂的必经之地，为瘦西湖著名的风景之一。

五亭桥建于清乾隆二十二年（1757年），坐落在四周被莲花包围的莲花堤上，远眺全桥犹如盛开的莲花，所以又名"莲花桥"。当年巡盐御史高恒为了迎接乾隆皇帝南巡，特地雇请能工巧匠设计建造了此桥。五亭桥的造型典雅秀丽，黄瓦朱柱，白色栏杆，亭内彩绘藻井富丽堂皇，极具南方建筑的特色。而桥下则是具有北方建筑特色的厚实桥墩，完美地把南北方建筑艺术、园林设计和桥梁工程结合起来。

造桥者把桥身建成拱券形，由三种不同的券洞相联系。桥孔共有15个，中心桥孔最大，跨度为7.13米，呈大的半圆形，直贯东西；旁边12桥孔布置在桥础四面，可通南北东西，呈小的半圆形；桥阶洞则为扇形，可通东西，一共8孔；正面望去，连同倒影，形成5孔，大小不一，形状各殊。

五亭桥的桥墩由12块大青石砌成，形成厚重有力的"工"字型桥基。清秀的桥身和沉雄的桥基，两者为什么能配置得如此和谐呢？答案就在桥洞。五亭桥的桥身由大小不一形状不同的券洞组成。空灵的券洞配上敦实的桥基，

五亭桥

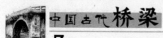

桥基的直线配上桥洞的曲线，加上自然流畅的比例，就取得了和谐统一的视觉效果。难怪著名桥梁专家茅以升先生评价说："最具艺术美的桥，就是扬州的五亭桥。"

五亭桥对面是一座三层砖石结构的白塔，造型仿北京北海公园喇嘛塔的形制构筑。据说，白塔的建造还有"一夜造塔"的有趣故事呢。当年乾隆皇帝到瘦西湖游玩，感叹其美中不足，说要是还有一座白塔就更好了！那些接待他的盐商听到以后，当晚便花重金买来北京北海公园喇嘛塔的图纸，用盐堆起一座白塔。第二天乾隆皇帝看到这座塔后，果然龙心大悦。

《扬州画舫录》中有这样一段记载："每当风清月满之时，每洞各衔一月，金色荡漾，众月争辉，莫可名状。"说是每逢农历十五日月圆之夜，五亭桥下15个桥洞中每个洞都好像含着一个月亮。一湖碧水，十五明月，让人心醉！

 知识链接

网师园引静桥

网师园是苏州园林的代表之作，体现了精巧的特色。而其园内的引静桥更是小巧玲珑，独具特色。"引静"，从字面上就可以体味到几分诗意。湖水与这座桥以及其他的景物形成的这幅真实的山水画，赶走了尘世的喧闹，引来脱离世俗的宁静。

小桥在彩霞池东南水湾处，呈弓形，全部采用金山石造就。它体态小巧，长才2.4米，宽不足1米，三步就可以通过小桥，所以又俗称为"三步但小拱桥"。麻雀虽小，五脏俱全。引静桥的总面积虽然没超过3平方米，桥上石栏、石级一应俱全，甚至在桥顶还刻有一牡丹形浮雕，线条柔和，花形秀美。

引静桥下是一条自南蜿蜒而来的小溪涧，涧水幽碧。涧壁上刻着"槃涧"两个大字。溯流而上，则有小巧的水闸立于涧流上游，岸边石上书"待潮"二字。"引静""槃涧""待潮"，这三者在咫尺之内暗自呼应，可谓相得益彰。

引静桥将小溪涧两侧的景物分割开来，却又并不突兀。它起了引渡的作用，还使园内增添了欣赏美景的立足点。

秦淮河上的古桥杰作——南京七瓮桥

七瓮桥，又名"七桥瓮"，也叫"七桥瓮桥"，因桥下有七个半圆形的桥洞而得名。此桥原在明代的南京上坊门附近，所以又叫"上坊桥"。七瓮桥现位于江苏省南京市城南的光华门外，横跨在秦淮河上。这是南京市现存最完好的一座古桥，也是明、清时期繁华都市中的一处重要通道。

七瓮桥始建于明代初期，清代重修，在桥洞中孔的石券上，至今还保留着"清顺治六年（1649年）重修"的字样。1949年以后，人们又对七瓮桥进行了维修，并将残留的石栏杆改成了现代桥栏。

七瓮桥全长89.6米，桥面宽13米，高25米。桥下有6个桥墩、7个桥洞。中间的一个桥洞最大，跨径为10.4米。由此向两侧伸展，桥洞的跨度逐渐变小。靠河岸的两个桥洞最小，跨度均为8.7米。桥墩为船形，迎水的一面前突达3米。墩头为尖形，上面刻有12尊石兽，鳞甲斑斑，兽头凸出，即使河水漫过桥墩，兽头依然可以露出水面，引导船只航行，不仅美观，而且具有标明水位的作用。在拱券的两侧均刻有螭首，现在共存螭首15个。七瓮桥在初建时全部用青石砌成，之后重修时才部分改用花岗石。石与石之间，以石灰和糯米汁拌浆黏接，十分牢固。因此，直到今天，七瓮桥还能通行载重汽车。

七瓮桥

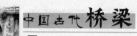
七瓮桥是进出南京的一条重要通道，自古为军事要地。太平天国起义军和辛亥革命时期的江浙联军，都曾在这里战斗过。

1956年当地政府曾对桥身两侧和瓮壁进行了维修，同时修补了残损分水兽头；1964年增建水泥桥栏；1974年铺设沥青桥面；2008年对整座桥梁进行了综合修缮。该桥现为江苏省文物保护单位。

一桥飞架古运河——无锡清名桥

清名桥

清名桥，原名"清宁桥"，位于江苏省无锡市南门外的古运河与伯渎港交汇处，飞架在运河两岸。它是无锡"寄畅园"的主人秦燿的两个儿子捐资建造的，因兄弟俩的大名分别是太清、太宁，因此各取一字叫作"清宁桥"。该桥始建于明万历年间，在清康熙八年（1666年）由无锡县令吴兴祚重建；到了道光年间，因忌讳道光皇帝的名字而改名为清名桥，也有人称它为"清明桥"。

清名桥为单孔石拱桥，全部用花岗岩砌筑而成。桥长43.2米，宽5.5米，高8.5米，桥孔跨度为13.1米。因两岸地势高低不同，该桥东西所铺石级也不一样。拱券为江南常见的分节平列式，共11节。券洞两面的券石上，各有题刻。桥栏上没有雕饰，每侧立有两个望柱，显得十分古朴。整座桥造型匀称，稳固雄伟，是无锡古运河上最著名的景点。

千叶莲花旧有香——无锡金莲桥

金莲桥位于江苏省无锡市西惠山东麓的惠山寺内，横卧于金莲池上。金莲桥是无锡市内现存最古老的石桥，始建于宋朝。该桥位于惠山寺御碑亭前，是宋代抗金名相、无锡人李纲（1083～1140年）主持修建的，距今已有800多年的历史。

金莲桥造型古朴，优美匀称。桥身略呈弧形，长10.7米，宽3.04米。该桥为3孔石梁桥，每孔有6块石梁。桥两端为石砌桥台，桥台两端有横帽

金莲桥

石梁，雕有怪鱼首和螭首。桥两侧各有华版石，上承石栏，外侧雕刻有宋代典型的"压地隐起缠枝牡丹间化生（童子）"图案，寓意富贵吉祥，极为典雅华美。石栏杆由莲花状望柱和透空栏板组成，雕有荷叶净瓶和拐杖。桥栏两端还设有抱鼓石。该桥经历代数次重修，虽结构未变，但当年的石料已所剩无几，现仅存莲花望柱、抱鼓石各一个，以及几块紫褐色原石桥面石，显得弥足珍贵。

金莲桥得名于金莲池。唐代有位诗人这样吟颂金莲池："千叶莲花旧有香，半山金刹照方塘。"池内原有千叶金莲，为南北朝时所种，只有庐山、华山和惠山三寺有种植，传说服之能成仙，不过现在也已经绝迹了。

玉带浮水第一桥——苏州宝带桥

宝带桥坐落在苏州东南、京杭大运河西侧澹台湖口之上，又始建于唐元和十一年至十四年（816～819年），是驰名中外的多孔古石拱桥。它与京杭大运河平行，在古代是苏州至杭、嘉、湖等地区的必经之路，又是太湖通往运河及吴淞江的一条重要通道。

宝带桥由53孔券洞组成，全长近317米，其中桥孔长249.8米，桥顶宽4.1米，桥端宽6.1米。桥两端原来各有一对石狮，如今只存北端一只。桥北端有一座高约3米的石塔和一座碑亭，亭内保存有清代张松声的碑记。石狮和石塔都是南宋旧物。原来，在第27孔与第28孔之间的桥墩上也有一座相同的石塔，不过早已毁坏。宝带桥以桥孔数之多、结构紧凑而享誉中外。

隋朝为了发展漕运，于大业六年（610年）开凿京杭大运河南段部分，自镇江经苏州到杭州，全长400多公里，称为江南河。到唐朝时期，都城长安由于人口众多，北方所产粮食不足以供应京师的需要，就必须由运河转运

宝带桥

江南稻米以供京城的需要。而当时苏杭一带已经成为重要的粮食产区，正如后来有"苏杭熟，天下足"的说法，因此，当时供应京城的很多粮食都来自苏杭一带，江南河自然担负起重要的运粮使命。

自唐朝安史之乱以后，地方军阀割据，漕运也往往受这些势力控制和影响，造成运往京师的粮食时常不足。据史料记载，唐德宗时有一次太仓（皇帝仓库）存粮竟然不够10天之用，皇城禁军都因为缺粮要哗变。正在危急之时，恰好传来从江淮运到3万石米的消息，德宗喜极欲狂，对东宫太子李诵说："米已至陕，吾父子得生矣。"由此可见，江南漕运对于唐王朝来说可谓事关生死存亡的大事。

既然江南漕运如此重要，所以历代官府都十分重视江南河的水上交通问题。运载皇粮的漕船经常需要人工拉纤，如果纤夫行走的道路不好，就会极大地影响漕运进度。为了进一步改善江南漕运，就需要广筑纤道。尤其是由苏州到嘉兴的一段运河，因为它是南北方向的，满载皇粮的漕船在秋冬季节就要顶着西北风行进，如果不拉纤那是寸步难行。可是，沿运河的纤道在澹台湖与运河交接处有一个宽约三四百米的缺口。刺史王仲舒于是在河西岸填土为堤，作为纤道。但是，由于这道堤切断了诸湖经吴淞江入海的通道，湖水常常会决堤而出。于是，建桥代堤就成为唯一的解决方法，宝带桥便应运而生。

据说当时为了筹款修桥，王仲舒卖掉了腰中所束宝带，所得金钱全部用来助建石桥。当地百姓感念他的恩德，就把建好的桥称为"宝带桥"。由于宝带桥的主要用途是作为运河的纤道，为了方便纤夫在上面行走，就不宜把桥建成江南常见的陡而高的石拱桥，于是设计者采用拱跨小的多孔、狭长和平坦的桥型。为了利于宣泄湖水，桥墩也比较狭窄。这样，呈玉带浮水之姿的宝带桥就出现在江南河水面上了。

宝带桥在建筑技术和设计构思上都别具一格，这些独特之处使之成为我国古代著名的多孔石拱桥。这座长桥的两端固定在岸边巨大的桥台之上，52座桥墩屹立于水中，支撑着众多的桥孔。就像大多数江南石拱桥一样，宝带桥的桥墩非常薄，只有不到60厘米，与最大的桥孔跨径6.95米相比，接近1：12的比例。这样的构造不仅使整座桥梁显得玲珑剔透，而且可以增大85%的泄水面积；此外，采用薄墩还能节省工料，减轻自重，有利于减轻地基的压力。

宝带桥的圆弧拱弧度很大，几乎接近于半圆形。这样的拱脚有很多优点，不仅对桥台桥墩所施的水平推力较小，从而对桥台桥墩有利；而且桥孔下面空间较大，便于行舟与泄水。不独如此，这种圆弧拱从造型上来看也是很美观的。桥孔与水中倒影均为半圆，虚实相接，合为整圆，在波光灯影里宛如一轮满月，引人遐想。据说每逢阴历十五明月当空之时，53个桥洞下各有一月，景色亦真亦幻，让人如入仙境，流连忘返。

宝带桥桥孔的设计也很灵活。为了满足桥下不同类型船只通航的需要，各孔的孔径、孔高也各不相同，其中第14、15与16孔都比其他孔高，尤其第15孔为全桥之巅。这三个高孔，是专门为便于高大的官船通行而设计的。同时，高低不同、大小不一的桥孔，不仅比全桥都用高、宽之孔要合乎经济原则，而且更使桥型变化多姿，避免单调重复。

宝带桥从9世纪时建成，至今已经有1100多年了。由于宝带桥地处交通要道，在南北粮食转运中的地位至关重要，因而历代统治者都特别重视对它的维修与保护，都根据需要对其不断加以整修、重建。根据史书记载，唐元和年间建成的宝带桥大约维持了四百余年，直到南宋绍定百年（1232年）才开始重建。到了元末，由于维修工作跟不上，桥又倒塌了。由于无人负责，只好用木头搭建了一架临时桥梁，过桥者往往会面临生命危险。之后又有重建，但是年代不详。明朝正统七年（1442年）秋，再度重建，并于正统十一年（1446年）冬十一月落成。这座桥"长一千二百二十五尺，洞孔下可通舟楫者五十三，而高其中之三，以通巨舶"。这座桥落成200多年后，到康熙九年（1670年）被大水冲毁，不过三年内就被修复。道光十一年（1831年）林则徐主持修整。咸丰十年（1860年），宝带桥部分损毁。到了同治二年（1863年），该桥又被英帝国主义分子戈登所毁，"同治十一年工程局重建"。抗战初期，南端一段六孔被日本侵略者炸毁。于是，命运多舛的宝带桥到新中国成立前早已破败不堪。1956年春，苏州市政府对此桥进行大规模修复，建成今天的宝带桥。

由于老宝带桥已经不再能满足当代交通发展的需要，又在其旁修建了一座新桥。新桥由9孔组成，是一座富有民族特色的新型双曲拱桥。因此，我们在澹台湖口会看到新老两座宝带桥并驾齐驱，骈卧于碧波之上，相互映衬，展现出一幅"双虹映江"的胜景。

水陆要津——苏州灭渡桥

灭渡桥位于苏州城东南隅葑门外，横跨京杭古运河。该处为水陆要津，原先只有渡船，因旅客难以忍受船主把持敲诈，由僧人发起集资募建此桥。该桥始建于元大德二年（1298 年）十月，至大德四年（1299 年）三月竣工。明代正统年间苏州知府况钟主持重修，清同治年间再修，1985 年又修，并恢复了石栏。该桥桥身用武康石、青石、花岗石混砌，显示了多次重建大修的历史痕迹。

该桥为薄型单孔拱式，东西走向，通长 81.3 米，净垮 19.3 米，矢高 8.5 米。桥的两坡原各设 53 步石级。该桥采用增大跨度而不作多孔设计，可以适应水流湍急，过往船只体量大、往返频繁的需要；在拱顶与面石间不加填层，并尽量增加桥身坡长，使大桥平缓易行，高而不峻，稳重大方，堪称江南古桥梁中的精品。2002 年该桥被列为江苏省文物保护单位。

古代最长、桥洞最多的第一长桥——吴江垂虹桥

吴江垂虹桥，又名"利往桥"，俗称"长桥"，位于江苏省吴江县东门外的松陵镇，横跨在太湖支流塘河之上。垂虹桥地处闹市，自从它建成之日起，就是一条繁忙的交通要道。

可惜的是，垂虹桥已于 1967 年 5 月坍塌，仅存东西两端的十多个桥洞。

垂虹桥是一座薄墩多孔的联拱石桥，处于苏州至浙江嘉兴、杭州、湖州的陆路交通要道上。它的修建和存在对江浙地区政治、经济、文化的发展，起到了重要的作用，功不可没。在 1967 年以前，垂虹桥是我国历史上最长、桥洞最多的第一长桥，在我国的桥梁建筑史上占有极其重要的地位。

垂虹桥建于北宋庆历八年（1048 年），治平三年（1066 年）重修。此时的垂虹桥是一座石墩木桥，规模不大。但由于此桥的特殊地位，历朝历代都对垂虹桥进行过修缮或扩建。其桥身的长度和桥洞的数目，在我国古代石桥中均排在第一位。在此期间，虽然苏州的宝带桥桥长 317 米，有 53 个桥洞，但它的长度和桥洞的孔数只能屈居垂虹桥之后。

元代泰定二年（1325 年）重修的垂虹桥，不但桥身长、桥洞多，而且形态优美，如新月垂空，似长虹卧波。桥梁三起三伏，好似蜿蜒而去的苍龙。

垂虹桥遗迹

桥的中间，建有一座平面为方形的九脊歇山顶式凉亭。亭上挂着一块横匾，上书"垂虹"二字。垂虹亭前、后开门，可供人通行。在桥的南、北两端也各有一亭，南端的名叫"汇泽亭"，北端的名叫"底定亭"。泰定三年（1326年），又在南、北二亭的前面，各立石狮一对，使全桥不但轻灵秀美，而且也显得更为壮观。此外，垂虹桥还是宋、元、明、清各代文人墨客称颂和描画的对象。因此，今天我们可以从古人的诗、画中，看到我国历史上第一长桥的昔日风貌。

知识链接

"桥城"苏州

苏州是全国最著名的"桥城"，早在唐朝时就有"红栏三百九十桥"之称。宋代《平江图》中记载有314条，保存至今仍有160多条。苏州桥中最有名的当为宝带桥、彩云桥、枫桥。宝带桥、彩云桥则以造型奇巧而称胜，枫桥因唐诗而闻名于世。其他知名的桥还有汉代建于学士河上的皋桥，三国时东吴建造的乐桥，唐代白居易所建的白岩桥，南宋始建的寿星桥等。

第三节
福建古桥

提起中国古代桥梁，人们总忘不了"北赵南洛"，赵州桥为中国古代拱桥的代表作，洛阳桥是中国古代梁桥的代表作。南宋后，由于政治中心南迁以及工匠的大量涌入，福建的桥梁进入繁盛时期，在材料和技术上都有所创新。其中有代表性的就是石梁桥和木拱桥，这与北方的石拱桥和木梁桥形成鲜明的对比，成为福建古桥独特的建造特色。在木拱桥方面，福建多雨，因此木拱桥设有廊屋，不仅可以防雨，延长木构件的使用寿命，而且增加桥的自身重量，有助于增强结构的稳定性。同时，增加了桥面木纵梁系统，不仅使木拱桥的坡面变成平坡坡面，有利于车辆和行人通过，而且参与了主拱的受力。

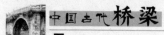

此外，木结构连接技术从捆绑连接发展为榫卯连接，整座桥不费寸钉，造桥工艺有了极大地提高。

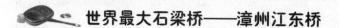

世界最大石梁桥——漳州江东桥

江东桥，原名虎渡桥、通济桥，位于福建省漳州市龙文区榜山镇马崎村东面，横跨于九龙江的北溪与西溪交汇入海处。此处两岸峻岭夹峙，江宽流急，地势十分险要，为古时"三省通衢"之地。该桥始建于南宋嘉定七年（1214年）。据传，当年的郡守庄夏开始在此处召集工匠石为桥墩，但因水深流急，难以奏效。一天，有个工匠看见老虎驮着幼虎渡江，于是便沿老虎渡水的线路选址筑墩，终于成功，因此称此桥为"虎渡桥"。嘉熙元年（1237年），漳州郡守李韶倡改铺石板为桥面，后经元、明、清历代屡次修复。

江东桥是一座梁式大桥，总长约335米，某些石梁长达23.7米，沿宽度用三根石梁组成，每根宽1.7米，高1.9米，重达200多吨，是我国古代十大名桥之一，为全国重点文物保护单位，并被《世界之最》一书收录世界最大石梁桥。

江东桥与泉州的洛阳桥、晋江的安平桥、福清的龙江桥合称为古代"福建四大石桥"。据《读史方舆纪要》称："江南石桥，虎渡第一。"江东桥这段溪流，古称"柳营江"，原是通津渡口，江东桥因"在郡之寅方"，寅属虎，故称"虎渡"。这里两岸峻岭对峙，江宽流急，波涛汹涌，驾舟渡江，令人触目惊心。

雕梁画栋，宏伟壮丽——临江镇安桥

镇安桥，原名临江桥，位于福建省最北端的浦城县临江境内，横跨临江溪，是闽北地区保存最好的古桥之一。

镇安桥全长70.5米，宽3.6米，为石木结构廊屋桥。桥基2墩3孔，为东西走向。桥墩由方石砌筑，高达10米，墩头有鸟首形石雕。廊屋高3.5米，悬山顶，雕梁画栋，中间有藻井，供佛3尊。桥两边为木构栏杆，全长40米，宽3.5米。桥两端有引桥，有石阶21级，长5米。桥上铺设石板为桥面。桥下有4座水碓，2座水坝，水平如镜，中间有放生池。桥头砖砌拱门，门眉刻有"镇安保障"。

镇安桥

镇安桥前后经过 7 次重建，3 次维修。明洪武十二年（1379 年），由僧人首倡募资兴建。明正统十一年（1446 年），由浦城县丞何俊重建，题名镇安桥，不久即被水毁。明嘉靖八年（1529 年），知县陈思谦令里人募资重建，清顺治四年（1647 年）毁于战火。次年，里人再募资重建。清康熙二十七年（1806 年），由高遐龄等募资增修。清同治元年（1862 年）、清光绪四年（1878 年），该桥先后被水冲坏，里人章阶等倡导捐资重建。清光绪二十七年（1901 年），里人章奎联、章曾俊、周赐銮、汤师铭、柯里忠等募建资重建，至清宣统二年（1910 年）全面竣工。此次重修耗银 2 万余两，耗资、规模均为历次重修之冠。1925 年，桥面毁于火灾。里人章吉人等倡导募资建成便桥，只有桥两头及中间两桥墩上盖有桥亭。1933 年，里人章杰人、赖全弟、柯常泰、张汝懋、周金培、周吉兴等再次募资修建该桥，于 1936 年竣工。此次修建桥基利用古石墩基础，从水面起往上被烧坍一段桥墩用大方石砌成。

镇安桥建筑具有闽中桥的典型风格，桥屋雕梁画栋，宏伟壮丽。桥廊是集市商贩设摊之所，卖猪肉、卖点心等小贩在此摆摊设点，把桥东西两街闹市联结在一起。桥廊不摆补锅担，为防火灾，一般也不摆蔬菜摊，怕把桥面弄脏。古时桥中有藻井，供道教玄天上帝、千里眼、顺风耳三圣像。桥下，上下游各筑坝一座，用于护桥，过去有水碓 4 座。两坝间为民众放生池，水

77

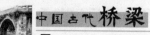

平如镜。

世界最长的石梁桥——晋江安平桥

　　在福建省晋江县安海镇和南安县水头镇之间的海面上，有一座著名的石梁桥，叫"安平桥"，它是我国也是世界上最长的石梁桥。桥长约2.5千米，因而又称为"五里桥"。安平桥是用花岗岩和沙石构筑的梁式石桥，横跨晋江安海和南安水头两重镇的海滩。此桥始建于南宋绍兴八年（1138年），比福建泉州的洛阳桥晚了百年，修建时借鉴了洛阳桥的建造经验。据说建桥的巨石多是从金门岛开采海运而来的，借用潮汐之力才把石板架设于桥墩上。因其长度冠于古代桥梁之首而享有"天下无桥长此桥"的美誉。

　　当时，安海镇边的海湾是我国对外贸易的重要港口，同对面的水头镇贸易往来很频繁，因靠船运货很不方便，人们遂决定在两镇之间架桥。南宋绍

安平桥

兴八年（1138 年），大桥开始动工兴建，历经 14 年，于绍兴二十二年（1152年）正式完工。安平桥不仅是我国最长的石梁桥，也是世界上最长的石梁桥。据 1957 年调查，桥长 2070 米，宽 3～3.8 米，建有桥墩 314 座，以巨型石板铺架桥面，两侧设有栏杆。桥板又宽又厚，最长者可达十余米，每截用板石七八条，都是坚实的花岗石。20 世纪 80 年代初，人们又对这座已列为全国文物保护单位的古桥进行了大规模维修，现桥长 2251 米，比横跨长江的南京长江大桥正桥还长数百米。

为了美化桥型和供人休息，桥上建了 5 座亭子，自东向西分别为水心亭（桥头亭）、中亭、宫亭、雨亭和楼亭。5 座亭中，中亭最大，面宽 10 米，周围保存有历代重修碑记 13 座。亭前立有两尊宋代石刻武士像，躯高 1.59～1.68 米，头戴盔，身着甲，手执剑，雕刻风格古朴。两翼水中筑有对称方形石塔 4 座，圆形塔 1 座，塔身雕刻佛祖，面相丰满慈善。据说当年弘一法师到漳州弘法时，曾借道安平桥留宿，还将所住房间取名为"澄渟院"。在桥头还有一座砖塔和观音堂。塔高达 22 米，为五层六角形空心建筑，南宋时所创建，与桥建造于同一时代。桥上原有扶栏望柱，其栏杆柱头还雕刻着惟妙惟肖的雌雄石狮与护桥将军石像，手法夸张，形象生动。因长年受山洪、台风及地震的影响，现已严重损坏。

安平桥全部由闽南开采的花岗石筑成。每两座桥墩之间用六七条大石板铺就，石板长 8～11 米，宽 0.6～1 米，厚 0.5～1 米，每块重达 3 吨左右，其中最大的石板重达 25 吨，可见工程十分浩大。

安平桥的桥墩用长条石和方形石纵横叠砌，呈四方形、单边船形、双边船形三种形式。工匠们在不同的位置选择了不同的桥墩形式：在水深流急而且水面较宽的主要港道中，采用单边船形墩，两端都成尖状，以减少流水的阻力；在一边水急、一边水缓的港道中，采用双边船形墩，向上游的一边为尖状，向下游的一端为方形，利于泄水；在水浅流缓的地方，则采用长方形桥墩，以增加桥的稳定性。每两个桥墩之间一般相距 6～8 米，最长的相距11 米。

安平桥的长度为历代所赞誉，以"卧龙""巨虹"的壮丽称号，闻名海内外。据明代《安海志》称，古时安海人善于漂洋过海发展海上贸易，宋元时期，商船飘洋过海，足迹遍天下，南海明珠，越南翡翠，无所不有；不毛之地，偏远小国，无所不到……这都说明宋元时期安海海外通商的繁荣景况。安平桥，就是当时海外交通发达、社会经济繁荣的实物标志。

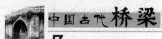
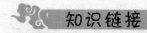
知识链接

安平桥的传说

很早很早以前，安海这个地方常年遭洪水和海潮的双重侵袭，百姓苦不堪言。百姓求神拜佛，也无法改变这种苦难的境遇。有人说这是东海和南海的两条孽龙在作祟。这事让一位在此修炼的道人知道了，便想为民除害。有一天，这两条孽龙在海滩上嬉戏，道人一直等到它们玩累了睡觉时，才施展仙术镇住孽龙，决定将它们填在常年水患的安海港中。于是道人化出两个大畚箕和一把大铁铲，把这两条孽龙铲到畚箕里。海滩上留下了两个大窟窿，后来水流积聚就变成了现在的"龙湖"和"䲄湖"。"龙湖"是黑龙住过的地方，所以这个湖的泥土是黑色的。"䲄湖"是赤龙睡过的地方，因此这个湖的淤泥是赤色的。

道人挑着孽龙走到一处叫大山后的地方，由于跨越溪涧时步子迈得过大，一下子将扁担压断了。两条孽龙苏醒过来，趁着道长不备，变作两堆土，真身飞到天上去了。这两堆土就成了现在的"黑麒麟山"和"赤麒麟山"，有人说这两座山与"龙湖"和"䲄湖"的体积丝毫不差。道长无奈，只好回到灵源山继续修炼。

若干年后，安海地界连日大雨，九溪十八涧的大水越过了石壁峡，直冲安海港而来。此时已得道成仙的道长在灵源山顶望见那两条孽龙又在作怪，便运功吐出一条七彩锁链，从安海镇跨过海湾，直到南安的水头镇。孽龙见状吓得魂飞魄散，急忙潜入水底，逃到大海里去了，大水便也退了。百姓们见到长虹惊退了孽龙，怕以后它们又来兴风作浪。有人就提议用长条大石铺砌成一条永久的锁蛟玉带，一来可镇锁孽龙作怪，二来也便于两县百姓往来。这个主意马上得到人们的支持，大家有钱出钱，有力出力，很快这条长达五里的跨海大石桥便建造起来了。

从此，孽龙再也不敢来此兴风作浪，各地商旅船只安心相集于此。于是商业日益发达，庄稼则年年丰收，百姓们安居乐业。这座桥就被称作"安平桥"；因为桥长五里，又俗称为"五里桥"。

 碧波万顷通仙桥——永春东关桥

　　东关桥，又称通仙桥，位于福建省永春县东关镇东美村的湖洋溪上，历来是交通要道，为往返闽中、闽南的必经之地。东关桥始建于南宋绍兴十五年（1145年），是闽南绝无仅有的长廊屋盖梁式桥，全长85米，宽5米，共6墩5孔2台。桥基采用"睡木沉基"，船形桥墩以上部分为木材构造，技艺精湛，构造奇特。

　　东关桥在每个朝代都有修整，现存的这座木桥是清朝时期重新修复的。虽经多次重修，但该桥仍完整地保留了宋代桥梁建筑的特点。桥墩是由大块的石头干砌而成，未用一丝一毫的钢筋水泥。桥墩下面还压着一层大松木，古称"睡木沉基"，整座桥梁的重量就压在这个水下的松木上。松木历经千年至今都没有腐烂，这不能不说是一个奇迹。桥墩上再用巨大的石头叠垒三层，用来架设大梁。每个桥孔用22

东关桥

根特大杉木作梁，分上下两层铺设，梁以上的部分全部都是木制结构。桥面上还盖有屋顶，就像装有顶棚的人行天桥一样，现有桥屋 26 间，木架砖墙，青瓦屋顶。这座长廊屋盖梁式桥是根据闽南地区雨水很多的气候环境而设计建造的。木梁桥上造桥屋，既可供远行的人们借此歇脚避雨，又能增强桥梁的稳定性，阻止雨水直接渗入导致木梁腐烂，还能给山水之间增添无限画意，集实用、坚固、美观于一身。

桥屋内部全部由红漆漆就，在每间桥屋的横间上都有一幅古代传说的画，如哪吒闹海、沉香救母、嫦娥奔月等，画工精美。

江南沙合接龙首——福清龙江桥

龙江桥，又称海口桥，位于福建省福州市福清县海口镇。龙江桥横跨在龙江下游，是福清地区最长的一座古代石梁桥。它与龙海江东桥、泉州洛阳桥、晋江安平桥合称福建省"古代四大桥梁"，是福建省目前保存最完整的宋代石梁桥。

龙江桥始建于宋政和三年（1113 年），由太平寺僧人惠鄙、守恩等倡，后经乡人林迁、林霸、陈侈、僧人妙觉等继续募资建造，于宋宣和六年（1124 年）建成，起名"螺江桥"。南宋绍兴三十年（1160 年），少卿林栗根据"江南沙合接龙首"的古谶语，将此桥更名为"龙江桥"。

龙江桥是一座梁式结构的石桥，上至石栏和横铺石板，下至填基架梁，均采用石料。现龙江桥有 40 孔，孔径为 9～13 米，桥宽 4.2～5.2 米，全长 476 米。桥墩高 6 米，呈舟形，两分水尖间长为 10 米，墩宽 3.3～4.2 米。6 条石梁并排铺设在墩顶的帽石上，每条石梁宽 60～75 厘米，厚 60～90 厘米，重约 15 吨。在石梁之上再横铺石桥板。大桥加上小桥，总长 700 多米，气势雄伟壮观。桥南还建造了两座七级六角的镇桥塔，分列左右角。

龙江桥历史悠久，由于洪水、飓风、海潮的频频侵袭，自明嘉靖二十三年（1544 年）至民国的 400 年间，历代都进行过修葺，可考的有十多次，平均每二三十年大修一次。中华人民共和国成立后，政府多次拨款维修，先后把第六、七、二十六孔的木桥面改修为石桥面，石梁断折也是随毁随修。1961 年 5 月，龙江桥被列为福建省第一批重点文物保护单位。

万安桥兴万家业——泉州洛阳桥

中国现存年代最早的跨海梁式大石桥——洛阳桥，位于福建省泉州市东郊的洛阳江上，是世界桥梁筏形基础的开端，也是中国桥梁史上一座真正的丰碑。

洛阳桥位于泉州城东 13 千米处，是全国重点文物保护单位，与北京的卢沟桥、河北的赵州桥、广东的广济桥并称为"中国古代四大名桥"，是当时广东、福建进入京城的必经之地。说起来洛阳桥应该在河南洛阳，那么此桥为何取名洛阳桥呢？据有关资料记载，早在唐宋之前，泉州一带居住着越族人。到了唐朝初年，由于社会动荡不安，时有战争爆发，所以造成大量的中原人南迁。迁到泉州及闽南一带的多数为河南、河水和洛水一带的人士，现在泉州乃至整个闽南地区所用的语系便称为河洛语，也就是现在所说的闽南语。这些南迁人士带来了中原先进、发达的农业技术和经验，引导当地人们发展生产。当他们来到泉州时，看到这里的山川地势很像古都洛阳，就把这个地方也取名为洛阳，此桥也因此而得名。

泉州洛阳桥

　　洛阳桥，原名万安桥，由北宋泉州太守莆田人蔡襄主持建造。从皇祐五年（1053 年）至嘉祐四年（1059 年），前后历 7 年之久，耗银 1400 万两，建成了这座跨江接海的大石桥。据史料记载，初建时桥长 360 丈，宽一丈五尺，像分立两旁武士造。该工程规模巨大，结构工艺技术高超，名震一时。

　　900 多年来，该桥先后修复 17 次。较大的修复工程有：宋绍兴八年（1138 年），飓风毁坏桥梁，郡守赵思诚主持修复；明宣德间（1426～1435 年），桥址下沉，江潮将桥梁淹没，知府冯桢命郡人李俊育主持增建桥基；万历三十二年（1424 年），地震导致桥梁倒塌，基址低陷，知府姜志礼主持修复；清雍正八年（1730 年）秋，桥梁崩塌，知县工之琦主持修复；1932 年蔡廷锴军长将此桥改建为钢筋混凝土公路桥，桥面增高 2 米。抗日战争时期该桥又受到严重破坏。1993 年 3 月～1996 年 10 月，国家拨出 600 多万元专款，实施洛阳桥保护修复工程。现桥长 742.29 米，宽 4.5 米，高 7.3 米，有 44 座船形桥墩，645 个扶栏，104 只石狮，1 座石亭，7 座石塔。

　　桥之中亭附近历代碑刻林立，有"万古安澜"等宋代摩岩石刻；桥北有昭惠庙、真身庵遗址；桥南有蔡襄祠，著名的蔡襄《万安桥记》宋碑，即立于祠内，被誉为书法、记文、雕刻"三绝"。

　　洛阳桥的建造，是对世界桥梁科学的一大贡献。由于当时洛阳江潮狂水急，桥基层屡被摧毁。造桥工匠们创造了一种直到近代才被人们认识的新型桥基——筏形基础，就是沿着桥的中轴线抛置大量石块，形成一条连接江底的矮石堤，然后在上面建造船形墩。同时采用"激浪涨舟，浮运架梁"的方法，把一条条重达数吨的大石板架在桥面上。他们又在桥下养殖大量牡蛎，利用牡蛎的分泌物把桥基石和桥墩石胶合黏结成牢固的整体。这就是造桥史上最别出心裁的"种蛎固基法"，也是世界上第一个把生物学运用于桥梁工程的创举。洛阳桥的建成，使洛阳江天堑变通途，对泉州的南北交流和海外交通事业的发展起到了巨大的作用，大大加快了泉州的发展。

　　洛阳桥建成后，人们给它总结了三个绝妙的特点，称为"三绝"：一是工程艰苦浩大；二是《万安桥记》简洁；三是碑石、碑字艺术精雕。

知识链接

蔡襄与《万安桥记》

蔡襄书写的《万安桥记》全文仅153字，记述了建桥的起始时间、意义、资金来源，及其主要职员和竣工通行时间，郡民欢庆情况。碑文如下：

泉州万安渡石桥，始造于皇祐五年四月庚寅，以嘉祐四年十二月年来讫功。累趾于渊，酾水为四十七道，梁空以行。其长三千六百尺，广丈有五尺，翼以扶栏，如其长之数而两之，靡金钱一千四百万两，求诸施者。渡实支海，去舟而徒。易危而安，民莫不利，职其事：庐锡、王实、许忠、浮图义陵，善宗等十有五人。既成，太守莆阳蔡襄为之合乐宴饮而落之，明年秋，蒙召还京，道由是出，因纪所作，勒于岸左。

碑文分别刻在两块石碑上，每方碑高2.98米，宽1.64米，厚0.30米，碑字6行，除一行10字外，其余均为13字，每字1.5×1.8分米。

明代王世贞评价说："万安桥天下第一桥，君谟（蔡襄字）此书雄伟遒丽，当与桥争胜。"

古风犹存，又添新姿——福州万寿桥

福州万寿桥，又名"大桥"，位于福建省福州市的南门外，南北横跨于闽江之上。

该处原为渡口，清康熙七年（1668年），鼓山僧成源和里人柯应采为方便游人通行，募白银两千余两建造石桥，第二年12月竣工，前后历时1年多。该桥全长76.6米，宽2.6米多。以松石为基，建4墩，分水3道，墩高7.3米，除靠岸两墩，中间两桥墩皆呈船状，两头作三角分水尖型，以减轻长年急流的冲击。桥面平铺12条石梁，是利用退潮水浅时砌基垒石，涨潮时以水的浮力将载于船中的千斤石梁架上石墩。桥两端皆为石阶，桥中段也有石

万寿桥

阶，中间高出 3 厘米左右，以利于船只通行。

在万寿桥的两根石梁之间，横放着大小不完全一样的石板，以作桥面，供人们通行。这些石板一般长 2~3 米，厚 30~33 厘米。

除此之外，桥面两侧还设有栏杆，桥的两端还建有小亭。

明、清时期，万寿桥曾多次遭到毁损。为了通行汽车，人们于 1929 年在原桥上铺设了水泥路面，在石梁两侧加上了大钢梁，并在大钢梁之间加上了横梁，同时，人们还在桥面两侧添筑了人行道，使桥面的宽度增至 6 米。现在的福州万寿桥，不但古风犹存，而且又添新姿，给人以生气勃勃之感。

第四节
上海古桥

云间第一桥——松江安就桥

安就桥又名"跨塘桥"，是一座由木桥重新修建而成的石拱桥。

安就桥位于上海市松江县松江镇西侧，南北横跨于古浦塘上。全桥共三孔，长 49.3 米，高 8 米。桥面两侧安有护栏。在桥东侧的护栏石下，刻着"云间第一桥"五个大字。

据记载，安就桥初建于南宋。那时，安就桥还是一座木桥。因为西晋诗人陆云的故乡在这里，他和其兄陆机在我国文学史上有很大影响，世称"二陆"。因为陆云字士龙，并自称为"云间陆世龙"，松江府的别称也就因此被

云间第一桥

叫作"云间府",安就桥也就因此被命名为"云间第一桥"。

沪上第一桥——朱家角放生桥

　　江南古镇朱家角坐落在上海淀山湖畔。朱家角河港交错,36座古桥星罗棋布地散落在各处。其中,最负盛名的当推放生桥。放生桥被誉为"沪上第一桥",因为它是上海地区最长、最大、最高的石拱桥,也是华东地区最大的五孔石拱桥。

　　放生桥横跨在漕港河上,桥由慈门寺僧人性潮募款修建于明朝隆庆五年(1571年)。最初,桥旁有慈门寺和一座井亭,专为慈门寺放生之地。善男信女们每月从大悲庵收买鱼鳖,带到此地放生,于是这座桥得名"放生桥"。

　　放生桥是一座大型石拱桥,高7.4米,顶部宽4.3米,底部宽5.8米,全长72米。桥有五孔,中间一孔最大,径距13米,左右两孔径距8.8米。两边桥孔依次对称递减,从而形成一个自然纵坡。其桥墩比较薄,大概只有0.6米,是江南水乡典型的薄拱桥墩。这样的桥梁构造,不仅能够满足桥下繁忙的水运和洪水宣泄的需要,还使桥梁坡度变缓,从而妥善地与较低的河岸相

放生桥

接，不仅方便行人上下，还使整座桥梁显得轻盈简练。整座桥都由花岗石砌筑，桥墩、帽石都是由整块石料建成。拱券为联锁分节并列，中孔拱石9节，边孔分别为7和5节。桥上有栏杆，高0.52米，宽0.19米，长约3米。桥顶中央的龙门石长1.6米，宽1米，大约有上千斤重。其上镌刻有8条盘龙绕珠，形态灵动，活泼逼真。桥顶四角有石狮，昂首屹立。从整体来看，这座石桥造型气派，结构稳固和谐。

放生桥的台阶非常多，南北两面合计多达122级。这么多的台阶在江南石拱桥中是罕见的，也足见造桥者以人为本的人性化设计。

明清时期，每逢农历初一，当地僧人都要在桥顶举行隆重的放生仪式，将活鱼投入河中放生，以此宣扬佛法，劝人向善。西面桥壁柱石上镌刻着一副楹联："帆影逐归鸿锁住玉山云一片；潮声喧走马平溪珠浦浪千重"，给放生桥平添了几分风雅。

第五节
江西古桥

浮桥石梁桥石拱桥——临川文昌桥

　　文昌桥，又名"解放桥"，位于江西省临川市东门外边，横跨于抚河之上。这是一座经过浮桥、石梁桥、石拱桥三个发展阶段的石桥，如今它变成了一座公路桥。全桥长 263 米，桥面宽 6.7 米，高 13 米。

　　据记载，文昌桥始建于南宋乾道元年（1165 年）。那时，这座桥梁是用 54

文昌桥

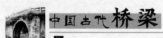
艘木船，以竹索连接为桥墩，上铺木板而营建的一座浮桥。嘉泰年间（1201～1204 年）又将浮桥改建为石梁桥，并在桥上修建了房屋。后来，这座石梁桥被毁。嘉靖年间（1522～1566 年），又在文昌桥的基础上修建了一座石拱桥。60年后，石拱桥被毁，万历三十八年（1610 年）再度重修石拱桥。如此毁了又建，建了又毁，往复多次。新中国成立后，人民政府加宽了桥面，铺上了水泥柏油，两旁设置了雕花扶栏和高桅华灯，使大桥显得非常壮丽。2002 年，当地政府又花巨资重修大桥，每个桥墩上均设十二生肖中的一种，并重新加固大桥。

现在该桥既古老又华美。每到夏日的夜晚，桥上游人络绎不绝，清风徐来，暑气全消。仰望天空，明月当头，繁星点点；俯看流水，月影如璧，银波荡漾，令人沉醉。

"南城八景" 之首——南城万年桥

万年桥，始建于南宋咸淳七年（1271 年），初为浮桥。明崇祯八年（1635 年）建石拱桥，清顺治四年（1647 年）落成。原桥由桥墩、桥身、桥亭三部分组成，工期横跨明、清两代，长达 12 年之久，时间多花在第 18 墩上。这里有一深潭，名"武岗潭"，潭深流急，漩涡重重。全部桥墩都是用大麻条石灌砂浆砌筑。在这波涛汹涌危险重重的武岗潭上，券拱造桥，全凭手

万年桥

工操作。当时造桥时采用了排水施工的干修法，曾聚集民工数万人，左拦黎河洪浪，右锁盱江波涛，埋石沉江，挡洪引水，这在古代桥梁的修建中是极少见的，显示了我国劳动人民巧夺飞虹的智慧和才能。

万年桥位于江西省南城县城东北 3 千米的歇洋渡，横跨在盱江上，下临武港潭。桥长近 500 米，宽 5.8 米，高 20 米，共有 23 孔，是国内最长的连拱石桥。万年桥为单曲石拱桥。桥基坚实，桥身轻巧，自下而上用青石发卷砌成，拱圈采用纵联式卷砌法，桥墩前尖而高昂，墩后方而低矮，有昂首挺胸迎水之势。1953 年，按照其原来的样式进行修复，1954 年竣工。因为石料开采困难，五孔中有两孔，因石料供应不足，采用混凝土代替。所有桥面都加做了防水层的钢筋混凝土桥面和混凝土栏杆。桥身用洋灰浆勾缝，以防雨水侵蚀。

万年桥为江西省现存最长的石拱古桥，被誉为"南城八景"之首，为江西省省级文物保护单位。

赣关锁江逾千年——赣州建春门浮桥

赣州城三面环水，因为河面较宽，原先河两岸往来主要靠渡船。在宋代时，在章河、贡河上架起了三座浮桥，这对城乡之间的交通发挥了巨大的作用。

第一座桥建造于北宋熙宁年间（1068～1077 年），是知州刘瑾在章江所架，名为"西津桥"。第二座桥建造于南宋乾道年间（1165～1173 年），是知州洪迈在贡江所架，名为"东津桥"，即现今的建春门浮桥。第三座桥建于南宋淳熙年间（1174～1189 年），是知州周必正在镇南门外的章江上所建，名为"南门浮桥"。三座浮桥都采用了篾缆连舟的结构，用篾做成缆把船彼此连接起来，这种架桥的方法一直沿用到现代。

南门浮桥和西津门浮桥在 20 世纪 80 年代被拆除了，只有建春门浮桥作为赣州市的历史文化景观特意保存了下来。

建春门浮桥的始建者洪迈，是南宋著名的文学家、学者，同时也是一位有民族气节的人。他在代表朝廷出使金国时，金国人要他行陪臣的礼节，他坚决不服从。金国人

建春门浮桥

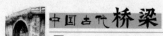
就把他关在使馆中，不给饮食，饿了他三天三夜，他宁愿饿死也要维护国家尊严。金国人无奈，只好把他放了回去。洪迈学识渊博，一生写了大量涉及历史、文学、哲学、艺术等方面的著作，其中最著名的是《容斋随笔》。这是唐宋笔记中规模最大、影响最深的一部，毛泽东就很喜欢这本书。据史书记载，洪迈来到赣州以后，重视教育，建学馆，造浮桥，便利人民，深受老百姓的好评。

当时赣州年年有洪水，贡江水流湍急，河岸开阔，建桥十分困难，洪迈以过人的胆识完成了这项工程。这座浮桥从南宋至今，历经修葺。现在的建春门浮桥全长429.5米，共用113只木舟，每3只木舟为1组。整座浮桥分为33组，宽5米，浮船高1.20米。另外，还有一些木船作为预备，随着水位的升降以调整航道。

在主河道架设浮桥，势必会影响到河中的航运，为解决这个问题，浮桥从创始之初就采取了每日定时开启的办法。

浮桥同时还可以起到"锁江"的作用。古代赣州城设有"赣关"，对过往商船进行收税。浮桥定时开启，过往商船要查验税票后才能放行。

知识链接

藤索桥

黔江、郁江在我国广西中部的桂平合流后，形成的新江叫浔江，又称藤江。之所以又称其为藤江，是因为据说浔江之上曾经有一座由野生藤萝自然形成的天然藤桥，因而形成了一个独特的景观，浔江也因此再添新名。此事《明史·地理志》有记载。

史书上有记载的人工藤桥不多。除广西桂平浔江藤桥见诸史书之外，《资治通鉴·唐纪三十一》记载了唐玄宗天宝年间，高仙芝率兵讨伐吐蕃时曾砍断过弱水上的一座藤桥；《徐霞客游记·滇游日记九》记载了云南龙川东江一座长约十四五丈的藤桥。

藤有粗有细，一般情况下粗的需要剖开，而细的直接就可以用，也不必绞索。

河清海晏，风吹浪静——铅山澄波桥

澄波桥，坐落在铅山县西部的陈坊河上。该桥始建于唐贞观四年（630年），为登仙峰的澄波和尚化缘所筹建，故得此名；清同治五年（1866年）群众募捐重建。桥长 50 余米，桥面为木质结构。桥上建有 9 间店铺，两面排列，供商贩摆摊设点。桥头石门上方嵌有一块刻着"河清海晏"的横额。

澄波桥

信江流经铅山境内北部时，有两条发源于铅山南部山区大的支流汇入：一条叫"铅山河"，在距河口东郊与信江汇合，故此镇被称为"河口"；另一条叫"陈坊河"，在距河口镇西20千米的铅山、弋阳两县的交界处汇入信江。澄波桥就建造在流过湖坊镇的"陈坊河"河面上，这一河段是从东南流向西北的，桥梁轴线则为东北、西南。

澄波桥为石墩梁桥，6 墩 5 孔，全长 60 余米。该桥以石材砌筑桥墩，为尖墩，又称之为"分水金钢墙"，形状似舟，尖端逆流，以减轻水对桥墩的冲击力。此桥梁结构独特：由花岗岩砌筑的桥墩高约 4 米，石桥墩之上，又纵横堆叠 7 层方条木；再在此状如鸟巢（俗称"喜鹊窝"）的构架之上，架设巨大原木制作的梁。桥面铺木板，其上建长廊，通道宽 4 米，两侧嵌有板壁，顶部全部覆瓦，以挡风避雨。东西桥头均建有砖石门屋，两门额分别镌刻"河清海晏""风吹浪静"，相传为澄波和尚手迹。

该桥 2000 年被列为江西省文物保护单位。

我今独自往，处处得逢渠——宜丰逢渠桥

逢渠桥位于江西省宜丰县同安乡洞山村的洞山百步岸以上 300 米处。该桥始建于北宋绍圣五年（1098 年），为同安张仲舒之妻雷四十三娘与其子裕禧用拾稻穗的积蓄捐资，为纪念良价禅师于此悟道而建的。该桥全长 15 米，

逢渠桥

桥面宽 4.7 米，桥拱净跨为 4.2 米，拱矢高 2.1 米，属陡拱。桥面底部石拱上刻有建桥年月及捐建人、主建人名字等。桥名"逢渠桥"三字，是由当时的县令钱鉴根据良价禅师初的《逢渠偈》而题写的。

逢渠桥具有"纵向单券并拱""无铰拱结"和"无浆干砌"三大工艺特色。桥的构造颇具特色，桥身用 11 块石料卷成一个单拱，共 77 块矩形石块组成 7 个单拱，7 个单拱排成 7 列，又组成一个大的承重拱板。每列纵向与横向石缝都是相通的，像是棋盘格一样，路对路，缝对缝，非常严密。拱侧东西各有一信徒合掌作揖，一脸虔诚，张扬着捐建者的个性。拱肩上面有两个石雕武士为护桥神。石块与石块之间采用"无浆干砌"法，没有用桐油石灰勾缝，也没有用糯米胶粘，也没有榫卯相连，就像搭积木那样，靠相互的摩擦力支持。

知识链接

山东青岛前海栈桥

前海栈桥，位于山东省青岛市南面的青岛湾中，与该市的繁华街道中山路相连。这是一座功能特殊的桥，在我国较为少见。

前海栈桥是青岛的象征，建于 1892 年，后经改建和整修，如今全长 440 米。桥南端建有民族风格的八角亭，"飞阁回澜"指的就是这里，为"青岛十景"之一。

第三章

华中地区的古桥

华中地区简称"华中",包括湖北、湖南和河南三省。华中地区具有全国东西、南北四境过渡的要冲和水陆交通枢纽的优势,起着承东启西、沟通南北的重要作用。华中水域众多,自然桥梁也不少见。

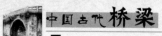

 刀光剑影英雄血——临颍小商桥

河南省临颍县的小商桥，是一座单拱敞肩的古拱桥，修建于隋开皇四年（584年），宋、元、明、清历代均有修葺，最大的一次修建是在元大德年间（1297～1307年）。该桥长20.87米，宽6.67米。大拱净跨11.6米，矢高2.13米；小拱净跨2.13米，矢高1.2米；两岸小拱间距20.2米，主拱和小拱均由20道拱石并列砌筑而成。券面石浮雕有天马、彩云、云龙、狮子、莲花、牡丹和三角形等图案，拱券的上端雕有蚣蝮（传说中的吸水兽）；桥墩下部四角有金刚力士像浮雕，双肩扛拱，双手上托。小商桥被认为是"世界桥

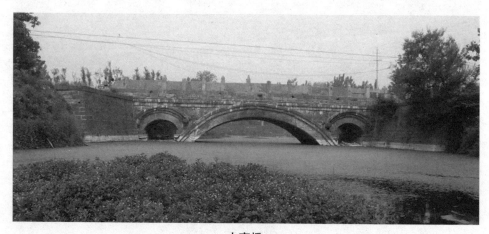

小商桥

梁史上珍品中的精品"。

小商桥，因为商王曾从此地经过，故而得名。但真正让它流芳百世的，却是一位名叫杨再兴的宋朝将军。

公元 12 世纪，中国大部分的领土已经被女真人所创建的金国所占，宋朝只能偏安一隅，退守江南，历史上称为"南宋"。然而，全国虽然拥有北方大片土地，女真人却不善于耕作，不像江南的富裕依然让南宋王朝可以歌舞升平。眼看着江南一块沃土在宋朝的手中，金国自然不甘心。

宋高宗绍兴十年（1140 年）七月上旬，金国的统治者金兀术撕毁之前两国签订的和平协约，再度对宋朝发动大规模的战争。金兀术率龙虎大王等15000 名兵士直袭郾城，遭到宋朝大将岳飞的顽强抗击。

岳飞是家喻户晓的抗金英雄，品行高洁，文武双全，一心想收复被金国占领的中原大地，是南宋抗金的主要力量。从 12 世纪 20 年代起，在黄河南北、两淮之间，掀起了轰轰烈烈的抗金民族战争。岳飞和抗金名将宗泽、韩世忠等一道，始终站在抗金斗争的最前线。

岳飞率军在河南郾城将金兵打败之后，双方又激战数十次，金兵依旧不退。郾城之战中岳飞帐下大将杨再兴单人一马杀入敌人阵营，想要生擒金兀术，却被金军围住。杨再兴扬起神威，一杆银枪如蛟龙出海，连挑金兵金将数百人后又驰归本阵。一场血战之后，杨再兴杀了数百名金军士兵，自己也受了好几十处伤，血几乎浸透了战袍。由于岳家将士的拼死血战，这场战役终于获得全胜，历史上称为"郾城大捷"。

面对南下的层层阻力，金兀术勃然大怒，于七月中旬又集结了127 万军队，妄图挽回败局。当金兵行至临颍（在河南中部，郾城以北）小商桥时，与杨再兴率领的 300 人轻骑兵遭遇。在这场众寡悬殊的遭遇战中，杨再兴率众奋勇冲杀，刺死金军万户长撒八字菫、千户长与百户长 100 余人，杀敌 2000 多人。可惜，杨再兴对临颍一带地形并不熟悉，不小心战马陷入了小商河的泥潭里不能自拔，金兵趁势乱箭齐发。金兵的箭就如飞蝗般射来，杨再兴身上每中一支敌箭就随手折断箭杆，继续杀敌，但最终还是寡不敌众，以身殉国。后来人们找到杨再兴的尸体，发现他全身所受的铁箭头加起来竟达两升之多。这一战打得可说是石破天惊，风云变色，令无数后人深深为之震撼！

据说，江西吉水人杨再兴原本为流寇曹成的部下，岳飞在征剿曹成的时候将其收服。岳飞没有因为杨再兴曾在战场上杀死自己的弟弟岳帆而怀恨在心，反而念其英勇，将其收为部下，亲自为他松绑，带领杨再兴抗击金兵。

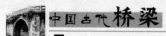
杨再兴在归顺岳飞之后，果真忠肝义胆，奋勇杀敌。杨再兴壮烈牺牲之后，岳飞感念杨再兴的报国忠心，亲往小商河痛悼，将杨再兴尸骨葬于小商桥东半里的河北岸，并用枪尖在岸边石头上刻下"杨再兴之墓"五个大字。

1994 年，在小商桥全面维修之前，考古部门在小商河故道上下游 800 平方米的范围内进行考古挖掘，出土了大量宋代的刀、枪、箭镞等兵器，进一步证明了小商河之战的惨烈。

安然挺立跨汝河——汝南弘济桥

弘济桥，位于河南省汝南县城北，横跨汝河，明代称"宏济桥""博爱桥"，清代称"迎恩桥"，因靠近天中山又称"天中桥"。此桥历经 400 余年，是豫南地区著名的古桥。

弘济桥原为木桥，明弘治十八年（1505 年）改建成石桥，明万历十年（1582 年）重修。该桥全部采用石块砌成，在大券两边附设两个小券。桥面全长 44.6 米，宽 6.5 米；大券跨度为 24.8 米；两边两个小券跨度为 2.73 米，高 4 米；尽端两个小券跨度为 1.75 米，高 1.02 米。全桥由 18 道单券组成，券与券之间用宽 0.37～0.43 米的铁束腰相连。桥面两边各有 18 根方形望柱，17 块栏板，刻有狮子、桃、猴、石榴、鹿、麒麟和武松打虎等图案。大券和小券两面中间刻有龙头，大券两边对刻的二龙戏珠、飞凤、飞龙及两边尽端小券上刻的缠枝花，精工细雕。

弘济桥建于何时尚待考证，但从现存的桥体构件上看，很多为元、明遗物。据此判断，该桥始建年代可能远至元末明初。

清明上河画中游——开封虹桥

《清明上河图》是一幅著名的工笔画长卷，作者是宋代名画家张择端。这幅画描绘了北宋汴京（今河南开封）东南城郊清明时节的繁忙热闹场面。在图中有一个非常显眼的拱形桥梁，我们称之为汴梁虹桥。

流经开封的汴水是京杭大运河的一部分。从历史记载来看，汴水在中国的水运史上一度扮演着重要角色。隋炀帝下扬州就是由洛水入黄河，转汴河、泗水，再到扬州的。隋唐之后，江南漕运也都通过淮水和汴水而到京城。因此，汴河漕运一度关系到京师的命脉。但是，从历史记载中也可以了解到，

虹桥

每逢夏秋洪水暴发之季，汴河水势经常会变化多端。这样，原来在汴河修建的桥梁就经常被冲毁，或因水流湍急，掀动来往船只与窄小的桥梁相撞，导致船毁桥坏，甚至出现人员伤亡。其实，水面通航和桥柱的矛盾自古以来就存在。要解决这个问题，唯一的办法就是加大桥梁跨度，争取去掉河里的桥墩，河中没有桥墩，自然就会减少撞船和伤人的事故了。当时的山东青州（今盖都）建成了没有中间桥柱的飞桥，俗称虹桥。据考证，汴梁虹桥就是根据青州虹桥的式样和经验建成的。不过今天我们在《清明上河图》中所见到的汴梁虹桥，其实物早已不存在了，据说毁灭在宋金的战火之中。

　　汴梁虹桥的具体修建年代无考，但其构造样式可以从《清明上河图》提供的外观形象、从现存的有关地方志等史料的记述中可略知大概。根据这些文字与图画材料可知论，汴梁虹桥从结构上来说是一座叠拱式木桥，从张择端《清明上河图》中可以大致看出这座桥的原貌。汴梁虹桥上的栏杆是典型的宋代勾栏样式。这座虹桥两边还有扶手，扶手以下是由盆唇、蜀柱和地栿

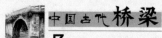

所构成的框架。框架上的束腰只是两根简单的横木。每根蜀柱、盆唇底上，还有斜木支撑，以增加栏杆的牢固性。这座桥只有桥头两端各有两根望柱，望柱之间共有23根蜀柱。

从桥的正面和底面来看，桥拱的主要部分是两组拱骨系统。其中一组为三根长拱骨，另一组为两根长、两根短的拱骨搭架排比而成，每两根拱骨顶端搁在另一根拱骨中部的横木上。整体来看，虹桥的桥拱是立体结构，至少需要两片拱架，用横木加以联系。横木除了起联系的作用外，同时还是拱架构成的主要部分，而且起横向分配压力的作用。

从图上可以很清楚地观察桥的正面共有七根拱骨，其中五根长两根短。中间拱骨的中心就是栏杆的中心蜀柱。横木的顶端都钉着防水板，目的是为了防雨。桥的底面，最外面是单独一根拱骨，然后是每两根一组，用绳子捆扎好，这样一组一组排列过去。在拱骨上面钉上横向桥面，装上栏杆，铺上路面，就成了一座完整的桥梁。拱桥还钉有护桥板，置于坚固的金刚墙上。金刚墙伸出来的一部分作为牵道平台，并设有阶梯，可以一直通到岸上。汴梁虹桥的结构独特，因为它的拱木不仅起拱的作用，还起梁的作用，这在世界桥梁史上都是独一无二的。因此，它在中国桥梁史乃至世界桥梁史上，都占有特殊的地位。

 知识链接

竹索桥起源

竹索桥，顾名思义，就是以竹为索。竹之所以被选中用作索，是因为它有很强的抗拉力。实验证明，竹索的抗拉强度几乎可以与钢媲美。竹索在古代又被称为邛笮，多见于川滇地区。《太平寰宇记》记载了修建竹索桥的方法："先立两木于水中的桥柱，架梁于上，以竹为绠。乃密布竹绠于梁，系于两岸。或以大竹落盛石，系绳于上。又以竹绠布于绳，夹岸以木为机，绳缓则转机收之。"古时竹索桥在我国的四川一带曾经非常普遍，因此在古民俗中也曾将生活在这一带的人民称为"笮人"。

河阳浮桥的前世今生——富平津浮桥

　　富平津紧邻孟津，是黄河上的一个重要渡口。古代，富平津处的黄河波涛汹涌，水势凶险，给造桥带来极大不便，因而这里直到西晋以前一直没有桥梁。人们往来过河，只有依靠摆渡。但是由于水急浪大，经常遭遇翻船之险。西晋时大臣杜预上书皇帝，请求在此造桥。据《晋书·杜预传》记载，别的大臣都反对杜预的奏章，认为先人都没有在此造桥，说明此处不能造。杜预反驳说，虽然此处水势凶险，无法修建别的桥，但是可以造舟桥。皇帝批准了杜预的奏章，并命他负责修建此桥。泰始十年（274 年）九月，一座双流对出的曲浮桥——富平津浮桥落成。皇帝率领文武百官亲临现场，看到新桥，龙心大悦，对杜预说："非君，此桥不立也。"杜预回答："非陛下之明，臣亦不能施其微巧。"

　　由此可见，杜预所建的富平津浮桥是当时黄河下游唯一的浮桥。这座桥

富平津浮桥

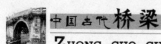
坐落在如今河南洛阳孟津县扣马村北3千米、孟县南9千米处的黄河之上。该处水面宽广，水势相对平缓，并有中洲，杜预就在这里仿照蒲津浮桥的样式修建了富平津浮桥。

这座桥处于攻守之要塞，历来为兵家必争之地，因此，此桥建成后不到30年，就在战乱中被毁。太安二年（303年），陆机带兵从河北到河南，经过此地，命人修建了直浮桥，用石鳖作为镇舟石。不久，陆机兵败，桥又被毁。

从南北朝一直到唐朝，后人又多次在此修桥，改名为河阳浮桥。河阳浮桥是一座曲浮桥。《方舆类纂》记载"北魏太和十七年（493年）命作河桥"，所谓河桥就是浮桥。

由于临近京师，战略意义比较重要，河阳浮桥遭遇了与富平津浮桥同样的命运。每逢战争，不是据城守桥，就是攻城焚桥。比如，南朝梁武帝时，李苗派人纵火烧毁浮桥。太建七年（575年），河阳浮桥又被后周军队纵火焚烧，再次被毁。唐朝安史之乱时，安禄山又毁断该桥。后唐清泰三年（936年）河阳浮桥又断。河阳浮桥，时建时毁，直到宋朝，该桥尚在，但不知何时终至完全断塌。关于河阳浮桥的这些历史，在《资治通鉴》和《宋史·河渠志》中均有记载。

 知识链接

浚县云溪桥

云溪桥，又名"廉川桥"，在河南省浚县云溪门外。明武宗正德三年（1508）初建木桥，嘉靖四十五年（1566年）改为石桥。20世纪50年代进行修整，改为公路桥梁，拆除了残缺的石栏杆。

云溪桥为五孔桥，样式美观，坚固耐用。该桥长60米，高10米，宽12米。中孔高大，便于舟船通行，券额上雕有"虎头"，两侧饰以花卉图案。桥两端墩基四角各置呈睡卧姿态的水兽，造型凶猛，形象逼真，艺术价值较高，现为河南省省级文物保护单位。

第二节
湖南古桥

（小图标）**走尽天下路，难过洙津渡——湘乡万福桥**

万福桥位于湖南省湘乡市西南 5 千米处的洙津渡，横跨涟水，衔接湘潭与邵阳，是一座大型石拱桥。清代以前，有湖南民谣说："走尽天下路，难过洙津渡。"《南中纪闻》中记载："洙津渡渡夫最刁，客担经涉，受其逼诈者无不切齿。"对此，邵阳人徐公明非常气愤，决心变卖家产，广募资金，在渡

万福桥

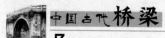

口修一座桥。该桥于清雍正元年（1723 年）秋动工，于雍正四年夏（1726年）竣工。之后大桥经多次维修，特别是黄文玉、黄笃伦、黄景云祖孙三代三修大桥，被传为佳话。现在的桥长 166.8 米，宽 6.7 米，高 10.8 米，为 9 拱 10 墩公路桥。桥东有楚南大观牌坊一座，牌坊下立"万福桥"石碑一块。

关于万福桥的传说有很多。传说修桥时徐公明的一片苦心感动了神仙下凡，每天上工百人，而就餐的人数却只有 99 个。在大桥整体组装时，发现还缺一块石料，大家一时不知道该如何是好，后经神仙指点，说烧茶老妪为工匠洗刷衣裳用的石板可以一用。拿来一试，分毫不差。大功告成之日，桥取名"万福"，即为万民造福之意。

只留半边的度仙桥——江永县步瀛桥

步瀛桥，又名"度仙桥"，位于湖南省江永县城西南 25 千米处的夏层铺镇上甘棠村。步瀛桥半边桥长久不塌，堪称我国桥梁史上的奇观。

"步瀛"一词，源于唐代殿试考中进士"登瀛洲"之意。取名"步瀛桥"，寄寓上甘棠村周氏子孙步过石拱桥，功成名就，成为国家栋梁之材。桥全长 30 米，宽 4.5 米，原高 8 米；由于河床抬高 2 米，现高只有 6 米。桥为3 拱，每拱跨度为 8.5 米。

上甘棠村以周姓为主。据周氏族谱记载：周氏族人自唐大和二年（827年）迁居到甘棠山，世代繁衍，延续至今已有 40 多代了，历经 1200 多年。在千余年的发展过程中，村庄的名字始终不变，村庄的位置始终不变，居住的家族始终不变。

进村途经文昌阁，这座阁始建于明万历四十八年（1620 年），共 4 层，高 16 米，面宽 10.6 米，进深 10.2 米，占地面积 108 平方米。其东侧原建有濂溪书院，现只留存几栋建筑物。文昌阁的左侧是前芳寺，右面是龙凤庵，前有戏台，后有驿道、凉亭，构成了宫殿式的建筑群。

穿过文昌阁就是步瀛桥。该桥位于谢沐河口下游的西南村口，为上甘棠村的主要出入口。据史料记载，步瀛桥始建于北宋靖康元年（1126 年），由当时的周氏族长主持修建。其后历经南宋绍兴五年（1135 年）、元至元二年（1265 年）、明成化四年（1468 年）及清乾隆年间几次重修或大修。该桥现长30 米，宽 4.5 米，跨度 9.5 米，拱径高 5 米，为三孔石拱桥。步瀛桥采用半圆形薄拱，造型小巧别致，与文昌阁的庄重高耸互为衬托，构景成图，相映

步瀛桥

成趣。

　　据说石桥落成庆典时，"八仙"云游到此，装扮成凡人模样，村里无人认识。因修桥本是积德行善之举，有陌生乡邻光临是一大幸事，村人于是请这八个不速之客登桥观赏。"八仙"步至桥心，不料铁拐李一脚过重，把一座新桥踏破了半边。那拄拐杖的跛子却哈哈大笑起来，说："这是天意！贵村人杰地灵，日后桥上每掉下一块石头，贵村就会出一名官员。"说完，"八仙"突然不见。村里的有识之士如梦初醒，急向村人解释说："这是八仙来踩，吉祥之兆啊！"于是，这桥此后又被称为"度仙桥"。

　　不知道是否因仙人的话灵验，步瀛桥从修建到现在已经近900多年，这期间一共从桥上掉下去102块石头，而村里从北宋至今果然就出了文武官员一共102名，其中京官18名，进士11名。

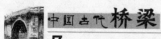

石墩木梁的多孔连续伸臂桥——醴陵渌水桥

渌水桥位于湖南省醴陵市城南，横跨在露水河上。过去，这是一座石墩木梁的多孔连续伸臂桥。现在，它是一座拥有十孔桥洞的联拱石桥。

据史料记载，渌水桥初建于南宋宝祐年间（1253～1258年）。当时的渌水桥，有石桥墩七个，为一座伸臂木梁桥。现在的十孔联拱石桥，是1924年重修时的遗物。渌水桥长203米，宽5.3米。

从南宋至清代，渌水桥都是一座多孔连续伸臂桥。桥墩之间的跨度都比较大。其中最大的桥墩间距达20余米。可见，桥梁的建筑是十分困难的。但是人们的智慧是无穷的，"公乃采大木缚三为一，贯以铁钉"。这样，人们就解决了大跨度修桥中的困难，使渌水桥能够坚固地横跨在渌水河上。

从明代成化九年（1473年）开始，人们就在渌水桥上修建了桥屋。万历三十四年（1606年），桥上建屋百间，桥中修有一楼，楼内供奉真武大帝神像。到了清代，人们在桥上修建数十间板亭。渌水桥自桥上建屋以后，便成了当时的一个贸易中心。桥上店铺连绵，人声鼎沸，渌水桥成了一处闹市。现在，桥面上的这些贸易建筑均已不复存在，仅供人们通行。渌水桥在我国古代桥梁建筑史上留下了浓重的一笔。

渌水桥

最早五景合一显幽情——武当山天津桥

天津桥，又名剑河桥，位于湖北省武当山十八盘下 2000 米处，建于明永乐十一年（1413 年）。天津桥横贯九渡涧，海拔 355.8 米。该桥一端接上十八盘，一端连下十八盘，是武当山古神道上的重要通道。此桥为三孔石桥，方石砌筑，两边饰以望柱石栏。1984 年维修时，新装望柱石栏 19 套，又增建石阶，补添桥墁石。桥长 52.1 米，宽 9.42 米，高 8.85 米，中孔跨度为 9.6 米，边孔跨度为 6.7 米。数百年来，此桥历经无数次山洪冲击，仍安然无恙。天

天津桥

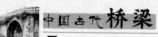

津桥虽位于深山旷野，但这里古树参天，河水清幽，加上龙泉观和照壁两处建筑，让人有身在庭院的感觉。

此处景物曲折多变，融山、水、桥、观、林于一体，格外引人。

跨越拦河，接通"龙脉"——来凤接龙桥

接龙桥位于湖北省来凤县翔凤镇的拦河上，长80多米，宽5米多，因为它的历史传奇闻名于鄂湘渝边区，是来凤县的爱国主义教育基地。

关于接龙桥的修建，有一个传说：拦河两岸有两座山，南面的叫"玉龙"，北面的称"翔凤"，是龙与凤的化身，只是被拦河截断龙脉，因此土家苗族人屡遭劫难。据说只要修一座石桥跨越拦河，接通龙脉，就会迎来"龙凤呈祥"的好日子。为了谋求幸福，嘉庆十三年（1809年），土家苗族人纷纷捐钱捐粮，请来能工巧匠，修起了这座两拱石桥，并在石桥上精雕一条石龙，凿上三个大字——接龙桥。1934年4月，贺龙率领红三军从湖南甘壁寨进入来凤县境内，拦河两岸人民欣喜若狂，纷纷走上接龙桥，迎接红军的到来，从此接龙桥便被赋予了崭新的含义，成了人民心向革命的

接龙桥

象征。

　　接龙桥的石拱呈半圆形，桥头两端是由巨大的青石板砌成的百板路，连着夯峡溪两岸的苗寨。接龙桥是当地苗民进行"接龙"活动的天然场所，到"接龙"那一天，人们在桥两侧和石板路两旁都插上彩旗，接龙队伍由苗寨老师摇着铜铃在前领行，充当"龙女"的主人身着盛装、头戴插花银帽走在人群中间，随后是锣鼓、长号、唢呐队伍，浩浩荡荡地从桥上走过。这种充满着浓厚苗家乡土气息的活动场面，常常吸引着成千上万的中外游人。

咸宁汀泗桥

　　汀泗桥位于湖北省咸宁市的汀泗镇。传说，过去这里有一位心地善良的小商人，名叫丁四。他以卖鞋度日，生活虽不富裕，却一心想为故乡的父老乡亲们做一点好事。于是，他把赚来的钱一分一文地积攒起来，最后决定在汀泗河上修建一座石桥。人们为了纪念他，便把这座石桥定名为"丁四桥"。因为这座石桥横跨在汀泗河上，所以人们又把它叫作"汀泗桥"。

　　汀泗桥是一座三孔石拱桥，全桥长31.2米。

　　汀泗桥是一座结构精巧、坚固耐用的石桥。据记载，这座石桥初建于南宋淳祐七年（1247年）历代进行过多次修缮。现在，它依然完好无损地横卧在汀泗河上。

　　汀泗桥之所以闻名天下，还因为它在当代历史上占有不可缺少的地位。1926年8月，当国民革命军北伐之时，坐镇武汉的大军阀吴佩孚，率领主力固守汀泗桥。汀泗桥四面是水，背后靠山，地势险要，易守难攻。吴佩

孚便想利用天险，阻止北伐军前进。北伐军著名将领叶挺率领独立团，巧妙地利用地形，采用迂回包抄的战略战术，从山间小路绕到敌后，一举夺下了汀泗桥，打败了吴佩孚。从此，古老的汀泗桥名传四方。

华南古桥

　　华南地区一般包含广东、广西壮族自治区、海南、香港特别行政区、澳门特别行政区，是一个高温多雨、四季常绿的热带－南亚热带区域。这一地带的古桥以两广居多，广西桂林的花桥、广东五孔石桥，闻名中外。

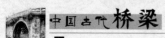

第一节
广东古桥

世界上第一座启闭式大桥——潮州广济桥

广济桥位于广东潮州古城的东门外，初建于宋代，距今已有八百余年的历史。它是世界上第一座启闭式大桥，为中国"四大古桥"之一。

广济桥，俗称湘子桥，于南宋乾道七年（1171 年）由太守曾汀主持建造。初为浮桥，由 86 只巨船连接而成，始名康济桥。南宋淳熙元年（1174 年），浮桥被洪水冲垮，太守常炜主持重修，并于西岸造杰阁，开始了西岸桥墩的建筑；

广济桥

至南宋绍定元年（1228年），历时54年，经朱江、王正功、丁允元、孙叔谨等太守相继增筑，完成了10个桥墩的建造。其中又以南宋淳熙十六年（1189年）太守丁允元主持建造的规模最大，功绩最著，遂改称西桥为"丁公桥"。

南宋光宗绍熙五年（1194年），太守沈宗禹建盖秀亭，并称东桥为"济川桥"。接着，太守陈宏规、林骠、林会相继增筑，至南宋光宗开禧二年（1206年），历时12年，建成桥墩13座。东、西桥建成后，中间仍以浮舟连接，形成了梁桥与浮桥相结合的基本格局。

南宋末年至元代，广济桥历经兴废。明宣德十年（1435年），知府王源主持了规模空前的"叠石重修"，竣工后"西岸为十墩九洞，计长四十九丈五尺（合16.5米）；东岸为十三墩十二洞，计长八十六尺（合28.7米）；中空二十七丈三尺（合91米），造舟二十有四为浮桥"，并于桥上"立亭屋百二十六间"，更名为"广济桥"。

明正德八年（1513年），知府谭纶又增建一墩，减去浮船六只，遂成"十八梭船二十四洲"的独特风格。清雍正二年（1724年），知府张自谦重修广济桥，并铸生铁牛两只，分置西桥第八墩和东桥第十二墩，意在"镇桥御水"。道光二十二年（1842年）发洪水，东墩铁牛坠入江中，有民谣说："潮州湘桥好风流，十八梭船二十四洲。二十四楼台二十四样，两只铁牛一只溜。"

广济桥始建于南宋，经南宋、元、明、清四朝，历时300余年，历史上较大修葺扩桥工程有24次以上，终于建成这座集梁桥、拱桥、浮桥于一体之大桥。浮桥18艘船可分可合，随潮浮沉升降。

广济桥其东、西段是重瓴联阁、联芳济美的梁桥，中间是"舳舻编连，龙卧虹跨"的浮桥。梁舟结合，刚柔相济，有动有静，起伏变化。当韩江发洪水，可解开浮桥，让汹涌澎湃的洪流倾泻；而平时又可以设置关卡，收取盐税。

据说，在广济桥初建阶段，就筑有了亭屋。明宣德年间（1426～1435年），知府王源除了在五百多米长的桥上建造一百二十六间亭屋之外，还在各个桥墩上修筑楼台，并分别以奇观、广济、凌霄、登瀛、得月、朝仙、乘驷、飞跃、涉川、右通、左达、济川、云衢、冰壶、小蓬莱、凤麟洲、摘星、凌波、飞虹、观滟、涴翠、澄鉴、升仙、仰韩为名。古代岭南桥梁中规模如此之大、形式如此之多、装饰如此之美的亭屋，确实是世罕其匹。

广济桥是连接广东、福建、广西、贵州等地的交通枢纽，桥上又有二十几座华丽的楼台，此地自然就成了交通与贸易的中心，有了热闹非凡的桥市。天刚亮，店铺就开门了，茶亭酒肆，各种旗子迎风飘舞，一时之间，车水马龙。

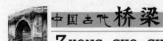

1958年潮州市政府对全桥进行加固维修，并拆除了十八梭船，改建为三孔钢桁架及两处高桩承台式桥梁。1976年又一次进行了扩建，原7米的桥面作为车行道，桥两侧各加宽2米为人行道。2003年10月，潮州市政府想恢复广济桥旧貌，参考清代潮州古城图中的湘子桥原貌，历时近4年，耗资9800万元，终于修复完成。

 知识链接

"湘子桥"的由来

广东潮州有民谚说："到了湘桥问湘桥""一里长桥一里市"，这都是在说我国古代的一座开合式桥梁——广济桥，又名湘子桥。传说，这座桥与"八仙"之一的韩湘子有关。根据传说，韩湘子是"唐宋八大家"之一韩愈的侄子。韩愈在潮州任刺史时，为百姓谋方便，在恶溪上造桥。然而年年造，却年年不成。韩湘子得知此事后，"下凡"前来相助，施展"仙法"，一夜之间建成了这座桥，并题写"洪水到此"四个大字。后人为纪念这件事情特意立碑，并将此桥命名为"湘子桥"。为纪念韩愈，将恶溪改名为韩江。

 仙人降世驱邪造福——陆丰迎仙桥

迎仙桥位于广东省陆丰市东海镇，横跨东海，是陆丰县城连贯新旧墟的交通要道。

迎仙桥始建于南宋保祐二年（1524年），当时为十三洞木桥。据《陆丰县志》记载："邑南门外当新旧墟间，长一十三洞，宋保祐甲寅知县肖泰夫建。"据说为迎接仙人常临人间驱邪造福而命名为迎仙桥。清唐熙初年因战事被毁重修。雍正四年（1726年）又被洪水冲断，重建为石砌九孔墩柱式平桥，长68米，桥两边置石栏杆。乾隆八年（1743年），石栏板折断，遂以木板修复。乾隆九年（1744 年）端午节，人们来看龙舟，争先拥挤，致木栏损坏，17 人溺死，后重用石板修复。1934 年，桥面改建为钢筋混凝土结构，宽 4.9 米，桥墩保留。抗日战争时期，该桥曾遭日机轰炸。1969 年，将桥面扩大并加固，面宽加至 8 米，两端各填去一孔，成为六墩七孔平桥。1990 年，全桥被拆除，重建为三孔大型石拱桥，面宽20 米；两边设人行道，置石栏杆。

迎仙桥

第二节
广西古桥

古今中外，独一无二——三江琶团培龙桥

琶团培龙桥位于广西自治区三江侗族自治县的独峒乡，建于清宣统二年（1910 年）。该桥桥盖长 50 米，宽 4.5 米；桥台近距 30.4 米，设两孔二台一墩三亭。桥面分人行道和畜行道。人行道部分以 9 根直径为 40 厘米左右的圆木排成两层托架梁，两层托架梁之间的横木按一定的距离隔开，大梁就支座在上层托架的两端。大梁分叠成两层，其用料及连接方式与托架梁相同。畜行道部分则巧妙地挂在人行道的南侧（河的上游），托架梁为一层，托架之上铺设一层大梁，其构造与人行道相同，与现在的立交桥结构相似。

由于琶团培龙桥在其功能处理方面独具匠心，被专家们称为"古今中外，独一无二"的民间桥梁建筑之典范。

琶团培龙桥

天光云影水浮动——桂林花桥

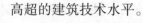

花桥位于广西桂林七星岩旁小东江和灵剑江交汇处，初建于南宋
（1127～1279年），原名嘉熙桥。元代时被洪水冲垮，明景泰七年（1456年）
重建为木桥，明嘉靖十九年（1540年）改建为石桥，并更名为花桥。

花桥长125多米，高7米多，全用方整的石块砌成，共分两段。前段为
旱桥，起泄洪和济渡的作用，有7个拱，拱孔处由东向西变小；后段为水桥，
有4个拱，拱孔大致相同。桥面东段筑有一条长廊，上有老树藤，枝叶遮盖
全石。全桥的桥拱、桥亭、栏杆和细部花饰，比例匀称，造型美观，体现出
高超的建筑技术水平。

从花桥东岸左行即到普陀山麓，
右行即到月牙山的玉衡山麓。桥似长
亭，可避风雨。石桥的拱脚很薄，孔
与孔间衔接适宜，十分秀雅。清波反
照，桥孔圆如皓月，半浮水上，半沉
水下，天光云影，浮动水中，蔚为壮
观。整座桥设计精细，风格独特。

花桥

华北古桥

华北的行政区划，包括北京市、天津市、山西省、河北省。华北平原是黄河、淮河、海河三大河系冲积平原，西起太行山，东至渤海黄海，支流众多，渡口多建桥梁。这一地区桥梁的特色有两点：一是以柱梁式桥梁居多；二是石拱桥也有一定的地位，仅次于东南，而且与东南拱桥形式不同。

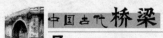

第一节
北京古桥

北京历史悠久，是历史上著名的古都之一。凝聚了先民智慧的桥文化，在北京也有着很深远的影响。

虹光百尺水晶帘——颐和园玉带桥

明、清时期，石拱桥趋于多样化，形式活泼，各领风骚。其中具有代表性的首推北京颐和园的玉带桥。

玉带桥被认为是颐和园最美的一座桥，建于清乾隆年间（1736～1795年），桥身为汉白玉，桥座为青岗石。桥高10米，长而薄，似一条玉带飘落在昆明湖上。主拱圈采用蛋形尖拱，配上双向反弯曲线的桥面，如驼峰突起，特别高耸，俗称"驼背桥"。

玉带桥的桥栏望柱上雕刻有十只飞舞的仙鹤。桥下水面荡漾，倒影成环，变幻多姿。夏天的夜晚，月圆时分，半圆的桥洞与水中倒影形成半实半虚的圆月，波光中月色浮动荡漾，一群仙鹤在旁翩翩起舞，如同幻景。

据说，玉带桥之所以拱形很高，是因为清代的乾隆皇帝经常坐船到颐和园游玩，龙舟很大，为了让大船可以顺利通过，工匠们将桥的拱位高高挑起，从而留下了这座奇特而壮观的桥。乾隆皇帝曾为这座桥题写了两副楹联，至今犹在。

东面是：

螺黛一痕平铺明月镜，虹光百尺横映水晶帘。

西面是：

地到瀛洲星河天上近，景分蓬岛宫阙水边多。

玉带桥

玉带桥优美的线条和别致的造形，在世界桥梁史上负有盛名。前苏联桥梁专家珊夫评价说："桥是波浪起伏的外形，当随着曲线上桥和下桥时，游园者眼前，展出了不同角度的景致。"可见，此桥在设计上，实在是独具匠心。美国纽约的岳门桥钢拱就是根据玉带桥的外形设计的。英国美学专家霍佳斯赞美玉带桥的曲线是"美的曲线"。20世纪初，美国在纽约东河上建成了地狱门桥，主拱上弧弦两端采用了反向曲线，当时被称为全球拱桥之冠。据说，其桥型就是来自玉带桥。

谒陵北巡通塞北——昌平朝宗桥

朝宗桥与卢沟桥、朝宗桥、永通桥（俗称八里桥），并称为"拱卫京师三大桥梁"。

朝宗桥又名沙河北大桥。位于昌平县城南10公里、沙河镇北0.5公里。

朝宗桥为七孔石桥。全长130米，宽13.3米，中间高7.5米，七孔联拱结构，桥两旁有石栏柱53对。桥侧不远有巩华城，是明代帝王行宫，也是当时的驻兵之所，用以守卫京师北门。大桥北端东侧有明万历四年（1576年）立的螭首方座汉白玉石碑一座，通高4.08米，宽1.1米，厚0.39米，立有明万历四年石碑一通，碑额的正背面都篆写着"大明"二字，碑身镌刻大字"朝宗桥"。朝宗桥地扼京师通往塞外的要道咽喉，也是明代帝后前往天寿寺山谒陵朝宗祭祖的必由之路。

朝宗桥与横跨南沙河水上的"安济桥"相对，相距2.5公里。明朝迁都北京，在天寿山建陵墓，先后于明正统十二年（1447年）拆掉南北沙河水上的木桥建石桥，北曰"朝宗"，南曰"安济"。据《日下旧闻考》记载："安济、朝宗，二桥皆正统十二年（1447）命工部右侍郎王永寿建。"是说在南北沙河上营建石桥二座，南沙河上称安济桥，北沙河上称朝宗桥，两桥可称姐妹桥，当时是"拱卫京师五大桥"之一。1937年7月侵华日军炮轰朝宗桥，至今还留有痕迹。后来安济桥因年久结构损坏，建高速公路时被拆除，原址建起钢筋水泥大桥。而朝宗桥经历了数百年的风雨侵蚀、洪水冲击，依旧坚

朝宗桥

固如初。

 知识链接

北海公园金鳌玉蝀桥

金鳌玉蝀桥位于北京市北海公园南门西侧，紧靠着著名的团城，横跨在北海和中南海之间的水面上，是北海和中南海的分界线。

我们今天所见的金鳌玉蝀桥重建于明朝嘉靖年间（1522～1566年），距今已有400多年的历史。

金鳌玉蝀桥桥面、两侧的望柱和栏板都是用汉白玉石建造的，洁白如玉。桥上的望柱，为平顶方形的覆莲柱。

现在，金鳌玉蝀桥已成为北京市内东、西城区间的一条重要通道。

白塔花坊相映衬——北海公园堆云积翠桥

堆云积翠桥，原名永安桥，位于北京著名的皇家园林北海公园内。此桥横跨于北海南岸和琼华岛之间的水面上，是攀登白塔山、畅游琼华岛的必经之地。

堆云积翠桥为一座三孔石桥，桥体略弯，微呈曲尺形。桥面以条石铺成，整齐而又平坦。桥面的左、右两侧，设有汉白玉石栏杆，洁白晶莹，形式美观。

在堆云积翠桥的南、北两端，分别立有一座四柱三楼的木牌坊，红色圆柱，绿色筒瓦。在南头牌坊的蓝色

堆云积翠桥

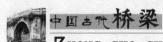

底面上写着两个金色大字"积翠"。在北头牌坊的蓝色底面上写着另外两个金色大字"堆云"。在两座牌坊的前面，分别立有一对雄壮威武石狮。

中国最长的古代园林桥——颐和园十七孔桥

走进颐和园新建宫门，迎面昆明湖上有一座汉白玉石大桥，它把西边龙王庙的蓬莱岛和东岸的八方亭连成一体，成为一组独立景区。这座造型优美的拱桥，名叫十七孔桥，又称曲桥。整体桥长150余米，桥面宽达8米，由17个券洞组成，是我国现存最长的一座古代园林桥。

十七孔桥修建于清乾隆年间（1736～1795年），桥上所有的匾联均为乾隆皇帝撰写。桥南端横联上刻有"修阆凌波"四字，是形容这十七孔桥如同一道彩虹，飞架于昆明湖碧波之上。桥北端横联有"复嶂俨月"四字，是把十七孔桥比喻成水中神兽，横卧湖面如半月状。桥北端的另一副对联："虹卧石梁岸引长风吹不断；波回兰桨影翻明月照还望"，描写在优雅宁静之夜，游赏此处风景更是宜人。

十七孔桥优美如长虹，横跨在昆明湖上。17个孔券乃体现"九重"之数，因为从中间的最大孔向两端数去都是九。桥上的栏杆柱头雕刻着大小不同、形态各异的石狮。桥西为湖中最大的岛屿南湖岛，岛上建有龙王庙、鉴远堂、月波楼等建筑。主体建筑为北面假山上的涵虚堂，为皇帝观看水师演

十七孔桥

练的地方。

从全湖来看，长长的西堤与从西堤岔出去的短堤将湖隔成三块，而分立其中的南湖岛、藻鉴堂和治镜阁三岛，分别象征着东海的蓬莱、方丈、瀛洲三座仙山。从全园来看，南湖岛与万寿山佛香阁的位置在对景手法上呈一宾一主之态。

在桥东侧有个八角亭，叫"廓如亭"，它是中国现存最大的一座古亭。它与南湖岛连接在一起，形似一只乌龟的头、颈和身躯，用乌龟形状象征长生不老之意。桥侧还有一大小和真牛相仿的铜牛，蜷卧在雕有波浪的青石座上。

 知识链接

颐和园西堤六桥

颐和园西堤是仿照杭州西湖苏堤而建的，从北向南依次筑有界湖桥、豳风桥、玉带桥、镜桥、练桥、柳桥六座式样各异的桥亭。在柳桥和练桥之间有一座楼阁，是取自范仲淹《岳阳楼记》中"春和景明，波澜不惊"之句命名的景明楼。沿堤遍植桃柳，春来柳绿桃红，素有"北国江南"之称。

界湖桥因处于内外湖的分界处而得名。桥亭毁于 1860 年的英法联军之劫。

豳风桥原名"桑苎桥"，光绪时期为避咸丰帝名讳，改为今名，取自《诗经》中反映古代劳动人民农业生活的作品——《豳风》，表明古代帝王对农桑的重视。

玉带桥拱高而薄，桥身、桥栏用青白石和汉白玉石雕砌，呈曲线型，宛若玉带，故得此名。桥下为昆明湖的入水口，西通玉河。

镜桥桥名出自唐代诗人李白"两水夹明镜，双桥落彩虹"的诗句。光绪时重建。

练桥桥上建有四角重檐桥亭，供观景和休憩之用。光绪时重建。

柳桥桥名取自"柳桥晴有絮"的诗句。光绪时重建。

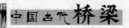

中国最美的群桥——故宫金水桥

　　古代的皇家建筑，常常在正门外设有御沟，沟名"金水河"；河上架桥，这桥就称为"金水桥"。这种桥梁既是用来区分内外庭的界线，同时也为了彰显气势。金水桥因其地位特殊，而必定为石造拱桥，且必定以汉白玉为栏杆。现存金水桥的实物，自然以明清北京故宫为最佳。

　　故宫金水河是紫禁城护城河的一个组成部分。为了防护城垣，四周都有御河围绕。金水河分为内、外金水河，金水桥自然也分为内、外金水桥。

　　在北京故宫太和门前，有一条形状像弓背的人工河道，叫作内金水河。跨越河上有五座并列的单孔御用玉石桥，就是内金水桥。因金水河的弯曲形状，形如皇上的御带，在民间又称其为"御带河"，连带把河上的桥也叫作

金水桥

"御带桥"。五座内金水桥中，居中的桥最长最宽，为主桥，只有皇帝才能通过；左右四座为宾桥，供宗室王公和文武百官通行。据说，金水河上的五座金水桥，象征着儒家五德——"仁""义""礼""智""信"。

外金水河是天安门前面的人工河。横跨在河上有七座石拱桥，两旁外侧的桥除外，中间的五座群桥统称为外金水桥。桥型为三孔拱券式汉白玉石桥，中间孔大，两侧孔较小，曾于清康熙二十九年（1690年）重建。

内金水河的五座群桥造型别致，曲折多姿，雕刻精美，分别与天安门城楼的五个门洞相互对应。桥南距城门洞62米，桥与桥之间距离5米。桥身微有坡度起伏，使桥中央出现拱面，而且桥身呈现中间窄、两端宽的造型。

外金水河的七座石拱桥，在建筑雕饰物件上的使用各有不同。正中央的一座最为宽阔，气势宏大，桥长23.15米，宽8.55米，是专为皇帝一人进出皇宫的通道，所以又称为"御路桥"。

在御路桥左右的桥，是供宗室亲王们通行的，叫"王公桥"，宽5.78米。王公桥外侧的桥较窄，只有4.55米宽，叫"品级桥"，是三品以上的文武官员们走的桥。

比品级桥更窄的，是在太庙（现劳动人民文化宫）和社稷坛（现中山公园）门前的两座桥，叫作"公生桥"，是皇帝祭祖和祭祀社稷神的通道，以及供四品以下官员、兵弁、夫役来往使用的桥。现存的这两座桥公生桥，是1949年后扩建的。桥身加宽为11.8米，桥的建筑装饰也不同以往。明清时期，皇朝的社稷坛和太庙面对长安街不开门，所以这两座桥只是样子桥。从桥的使用物件、建制和装饰，可以看出当时的等级制度是多么森严。

外金水桥全部以优质汉白玉石砌成，御路桥的白石栏杆柱头上雕刻的是蟠龙望柱，刻满云朵和龙盘，下衬云板。其余四座桥的白石栏杆，栏板柱头上皆雕成荷花栏柱。

知识链接

铁索桥

铁索桥就是采用铁链连接铺设的桥。因为竹索很强韧，但是由于需要每年整修，大致三年就要更换一次，所以人们逐渐开始用铁链来代替竹索，这可以使用长达百年以上。链大约起源于公元前3000年左右的青铜时代，最初的链是铜链。目前考古发现的最早的铜链是在1978年湖北随县擂鼓墩战国曾侯乙墓中出土的一件香盂上两侧附有的提手铜链。从战国到秦，中国冶铁业十分兴隆，铁链得到了广泛的应用，这一时期修建铁索桥的条件已经成熟。

樊河桥坐落在陕西省褒城北留县马道镇的樊河上，是我国古代文献记载中最早的一座多根铁索桥。据《史记》记载，该桥建于公元前206年5～8月间，距今有2200多年的历史了。樊河桥据说是由刘邦手下将军樊哙所建，又由于坐落在樊河上，所以得了樊桥的称呼。

还有一座记载很早的铁索桥，那就是兰津桥，又称保山霁虹桥。明《南诏野史》记载："兰津桥，景东厅城西澜沧江西岸，峭壁飞泉，俯映江水，地势绝险，以铁索系南北为桥，东汉明帝时造。"《读史方舆纪要》中也有相关记载。这表明兰津桥确实在历史上存在过。

汉唐以后，铁索桥的建造已经非常普遍。西藏布达拉宫的金桥，也是一座铁索桥，是松赞干布迎娶文成公主后专门为公主修建的用作宫殿之间通行的桥梁，后来被焚毁，后世达赖又加以重建。

五更他处不见月——丰台卢沟桥

卢沟桥亦称芦沟桥，坐落在北京市西南约 15 千米处的丰台区永定河上。永定河又称卢沟河，此桥因而得名，是北京市现存最古老的石造联拱桥。卢沟桥全长 266.5 米，宽 7.5 米，最宽处可达 9.3 米。有桥墩 10 座，共 11 个桥孔，整个桥身都是石体结构，关键部位均用银锭铁榫连接，为华北最长的古代石桥。1937 年 7 月 7 日，日本帝国主义在此发动全面侵华战争，宛平城的中国驻军奋起抵抗，史称"卢沟桥事变"，中国抗日军队在卢沟桥打响了全面抗战的第一枪。

卢沟桥是在金世宗大定二十八年（1188 年）五月决定修建的，不过尚未动工，金世宗就在第二年年初病逝了。次年六月，金章宗着手开始修建芦沟桥，三年后建成。因桥身跨越芦沟，所以人们都称它芦沟桥。桥身两侧置石雕护栏，各有 140 条望柱，柱头上均雕有石狮，形态各异，据记载原有 627 个，现存 501 个。石狮多为明清之物，也有少量的金元遗存。"卢沟晓月"从金章宗年间起就被列为"燕京八景"之一。

卢沟桥于 1444 年重修，由于清康熙年间永定河洪水侵袭，桥体受损严重，不能再用，大量古迹也在洪水中销声匿迹。1698 年重修，康熙命在桥西头立碑，记述此事。桥东头则立有乾隆题写的"卢沟晓月"碑。公元 1908 年，清光绪帝死后，葬于河北省易县清西陵，须通过卢沟桥。由于桥面窄，只得将桥边石栏拆除，添搭木桥。事后，又将石栏照原样恢复。

1937 年 7 月 7 日在卢沟桥发生的"卢沟桥事变"，成为中国展开全国对日八年抗战的起点。中华人民共和国成立后，在桥面加铺柏油，并加宽了步行道，同时对石狮碑亭作了修缮。1961 年，卢沟桥和附近的宛平县城被公布为第一批国家重点文物保护单位。1971 年，为保护卢沟桥减少其运输量而建立的卢沟新桥完工，但旧卢沟桥仍然继续承担着交通运输任务。1986 年，卢沟桥历史文物修复委员会成立，目的在于恢复卢沟桥原貌，工程拆除了 1949 年后铺设的柏油和 1967 年加宽的步道，恢复了古桥的原貌，同时将机动车的通行移至卢沟新桥与之后修建的京石高速公路上。

卢沟桥虽然经过后世多次修缮，但其面貌仍然保存元代的雄姿神韵。元代意大利的马可·波罗在他的旅行记中写道，这一"美丽石桥，各处桥梁之美鲜有及之者。桥长三百步，宽逾八步，十骑可并行于上""纯用极美之大理石为之，桥两旁皆有大理石栏，又有柱，狮腰承之。柱顶别有一狮，此种石狮甚巨丽，雕刻甚精。每隔一步有一石柱，其状皆同。两柱之间建灰色大理石栏，俾行人不致落水，桥两面皆如此，颇壮观也"。

由此可见，历史上有两个卢沟桥，最初的建于金朝大定二十九年（1189年），到清朝康熙年间毁于洪水。康熙三十七年重建（1698年），这才有了现在的卢沟桥。因此，通常所说的卢沟桥有800余年历史，是把新旧两个桥的时间算在一起。我们现在所看到的是康熙重建的卢沟桥，只有300余年的历史。

卢沟桥的闻名，不仅在于外表壮丽，更重要的是在工程技术上的突出成就。此桥在建造时对桥基处理得十分牢固，《古今图书集成·考工典》载："明昌初建，插柏为基。"就是在桥墩下打有柏木桩，所以桥基沉陷差很小。桥墩的平面作船形，近水一边砌成三角形分水尖，分水尖长达5.2米，是整个桥墩的4/10，这在同类桥中是少有的。每个桥墩的分水尖上，还垂直安装一根约26厘米的三角形铁柱，用来杀水势和迎击北方冬季河流中的冰块，故人称这三角铁柱为"斩龙剑"。为了使分水尖更加稳固，又在分水尖的凤凰台上安加6层达1.83米厚的压面石。同时，还有拱脚和拱址石与墩身分尖之间的流冰水位以下作流线型的过渡，以便保护拱脚不被水冲坏。桥下11个拱券的跨径全不一致，中心孔跨径为13.42米，至西面最外一孔跨径减少到12.35米。拱券为弧形拱，矢跨比为1：3.5强，采用纵联式砌置法，整个拱券浑然一体。券的两侧，各有券脸石一道，各拱都用八道通宽的长石条与券脸石相交砌，又接近框式纵联法，以防止券脸石向外倾塌。拱券和桥墩各部分石料之间均使用了腰铁，以增加砌石之间的拉力，形成"坚固无比"的结构。不难看出，此桥在设计和施工中是非常独到和细致的。

卢沟桥的雕刻又是珍贵的艺术品。卢沟桥的石狮子姿态各不相同。狮子有雌雄之分，雌的戏小狮，雄的弄绣球。有的大狮子身上，雕刻了许多小狮子，最小的只有几厘米长，有的只露半个头，一张嘴。因此，长期以来有"卢沟桥的狮子数不清"的说法。桥两头的大石象和大石狮，在雕刻手法上明快洗练，表情稳重、肃穆、安详，给人一种雄壮威武的感觉。这一件件艺术品无不穷极工妙，令人惊叹。

宏伟的工程和高超的技术，再加上精美的雕刻，卢沟桥由此成为古今世界上的一大奇观。今天美国在阿拉斯加地区修建的桥墩，其破冰结构与卢沟桥是一样的。它在世界桥梁史上的地位，由此可见一斑。

知识链接

卢沟桥的石狮子

明代蒋一葵《长安客话》说，卢沟桥"左右石栏刻为狮形，凡一百状，数之辄隐其一"。明代刘侗《帝京景物略》也说，卢沟桥上的狮子，"数之辄不尽"。现在，文物工作者对石狮子进行了一次编号清点，共计 501 个。

关于这个数目，还有一个小故事。卢沟桥文物保护所研究人员侯金涛先生说：1988 年的一个雷雨之夜，雷电劈掉了桥上的一只狮子，这只石狮上还有两只小狮子。所以在 1988 年之后的统计中就没有了这三只，数目为 498 只。但是 1998 年，卢沟桥进行大规模的修复，这三只被劈掉的石狮子也被修复，于是，狮子的数量就又变成了 501 只。

卢沟桥的石狮子

北京漕运历史的见证——地安门后门桥

后门桥，原称"万宁桥"，始建于元代至元二十二年（1285 年），原为木桥，后改为单孔石桥。位于北京的中轴线上，在地安门以北，鼓楼以南的位置。由于与前门南北相对，京城百姓俗称地安门为"后门"，因而此桥也叫"后门桥"。

元代在北京建都后，为解决漕运，在郭守敬的指挥下，引昌平白浮泉水入城，修建了通惠河，由南方沿大运河北上的漕运船只，经通惠河可直接驶入大都城内的积水潭。而万宁桥是积水潭的入口，并且设有闸口，漕船要进入积水潭，必须从桥下经过。万宁桥在当时所起的作用是巨大的。由于交通便利，又毗邻皇城，加之景色不逊江南，因此，当时万宁桥附近的商肆画舫

后门桥

云集，丝竹悦耳，酒香醉人，景象繁华。万宁桥在元大都的建筑设施中占有重要地位，它也是北京漕运历史的见证。

京东门户太后桥——通州通运桥

在京东门户通州境内，有座古镇名叫张家湾。在其南门之外，有一条传说是当年辽国萧太后时期开凿的运粮河，自京城而来，顺城之南垣而流，东汇京杭大运河。面对城门架有一桥，原为木制，俗称萧太后桥。因地近码头，南北客货悉经此桥，经年累月，不堪重负，明神宗时敕建石桥，于万历三十一年（1603 年）正月动工，万历三十三年（1605 年）十月竣工，赐名"通运桥"；清咸丰元年（1851 年）曾予小修，至今已有 400 多年历史。

通运桥南北走向，全长 13 丈，宽 3 丈。桥两边设有清一色的青砂岩石栏，每边各有雕狮望柱 18 根，神态各异；还有浮雕宝瓶栏板 19 块，瓶纹有别；另用长方块花岗岩横砌成金刚墙。现仅存石桥与残垣一段。

桥北端原有螭首方趺碑记两通，均为汉白玉形制，一为敕修通运桥碑，一为敕修福德古庙碑。

如今此桥坚固如初，于1959年7月被列为通州文物保护单位。

 知识链接

老北京的天桥

清末民初的著名诗人易顺鼎在《天桥曲》写"酒旗戏鼓天桥市，多少游人不忆家"。在民国初年，天桥真正形成为繁荣的平民市场，被视为老北京平民社会的典型区域。著名学者齐如山在《天桥一览序》中写道："天桥者，因北平下级民众会合憩息之所也。入其中，而北平之社会风俗，一斑可见。"

天桥因市场的兴起而繁荣发展，而这一市场，又是面向平民大众的，集文化娱乐和商业服务为一体，文商结合，互为促进。它的兴起不仅是一个经济现象，也是一个文化现象。天桥在它发展过程中，逐渐形成了独特的天桥平民文化，因其植根于平民百姓之中，故虽历经沧桑，却能持久不衰。

原天桥位于天坛西北，南北向，横跨龙须沟。此桥是古代皇帝去天坛祭天的必经之桥，意为通天之桥，故称"天桥"。

原来的天桥是有桥的，明朝时在此建有汉白玉单孔高拱桥，与"御路"相通。天桥平时用木栅栏封起来，除了皇帝其他人等不许通行，一般官民只能走两侧的木桥。桥下原有的河道后来就逐渐演变成了龙须沟。清光绪三十二年（1906年）整修正阳门至永定门之间的马路，将这条路上原来铺的石条一律拆去，改建成碎石子的马路，天桥也改建成矮矮的石桥。1929年，因有轨电车行驶不便，又将天桥的桥身修平，但两旁的石栏杆仍旧保留。1934年，拓宽正阳门至永定门之间的马路，又将天桥两旁的石栏杆全部拆除，天桥的桥址遂不复存在。

天桥自元、明时期出现了市场和商业群之后，到了清代已变得日益繁

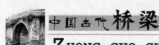
华与热闹其原因之一是历代有许多身怀绝技的各行业的民间艺人在天桥施展自己的艺术绝技。据统计，仅在清朝末年至新中国成立初期的半个多世纪的时间，相继在天桥卖艺表演的京剧、评剧、曲艺、武术、杂技等各种民间艺人多达五六百位。他们个个技艺精湛高超，大部分都是各自行业中的佼佼者。天桥就是他们施展技艺的地方，是他们赖以生存的地方。他们繁荣了天桥市场，天桥市场也养活了几代民间艺人。没有这些民间艺人，也就没有天桥社会的底层文化的发展历史。

北京和天津的联通纽带——通州永通桥

通州永通桥，俗称"八里桥"，在北京市的东部，距通州城 4 千米，横跨于通惠河上。这是北京东部地区一座著名的古代联拱石桥。过去，它是连接北京和天津的重要纽带。今天，它是京东地区一处重要的名胜古迹，是我国历史文化中的一份宝贵遗产。受到政府和广大人民群众的高度重视，并得到了有效的保护。

永通桥

永通桥所跨越的通惠河，是北京市境内一条著名的古代运河。这条古运河，开凿于元世祖忽必烈至元二十九至三十年（1292～1293 年），距今已有700 多年的历史。

据历史文献记载，通州永通桥建于明英宗正统十一年（1446 年）。全桥长 50 米，桥面宽 16 米。其长度虽然比河北赵州桥短约 14 米，但桥面宽度却几乎是它的两倍。可见，人们在修建通州永通桥的时候，就已经充分注意到它在交通上可能出现的繁忙程度。

通州永通桥共有三个桥洞，为联拱式。全桥用石料建成。桥面的左、右两侧均修有石栏板。每侧的石栏板均雕有石狮。石狮形态生动。石栏板上的雕刻，图案精美。在桥头还置有石兽。在桥中一个洞孔的东、西两侧石泊岸上，有四只石雕的蹲兽，这是镇水兽。人们希望这些镇水兽能够以此镇住洪水，保证桥梁安全，使永通桥永远畅通。

在通州永通桥的东面，还立有一块石碑。这块石碑是清雍正十一年（1733 年）刻立的，名字叫《御制通州石道碑》。碑文记述了当时京师东部通州一带的筑路情况。应该说，这是研究清代前期京师公路建设的重要史料，同时也是研究当时社会经济、政治和军事情况的重要资料。

第二节
河北古桥

中国古今桥梁的科学技术，不少都曾走在世界桥梁建筑的前列，许多桥梁样式仍继续对世界近代桥梁建筑产生影响。同时，它又是活的文物瑰宝，记载着许多珍贵的资料。河北的古桥延伸着过去的历史，延续着燕赵大地的文化。在这里有举世闻名的赵州桥，有邯郸学步的学步桥，每一座桥背后的历史都是值得人深思与回味的。

世界跨径最大的石拱桥——河北赵州桥

赵州桥原名安济桥，由于坐落在赵州洨河之上，故称赵州桥。又因为这座桥的用料全部为石质，所以当地人俗称"大石桥"。据史料记载，赵州桥始建于隋开皇十五年（595 年），约于大业二年（606 年）左右竣工，前后共用时 12 年左右。

赵州桥是一座单孔敞肩石拱桥，造型优美，线条流畅，结构设计合乎科

学原理。它的单孔大石拱，是小于半圆的一段弧形，不像一般石拱桥那样是多边形、尖形或半圆形。在大石拱的双肩上各有两个圆弧形小石拱，从而使整个桥型显得轻盈匀称。

赵州桥全长50.8米，两端宽约9.6米，中部略窄，宽约9米。中间的大拱跨径37米，是古代中国乃至世界跨径最大的石桥拱。南北两端的小拱平均跨径4米，里侧的两小拱平均跨径约2.8米。赵州桥的跨度虽然很长，但是大石拱的拱顶比拱脚只高出7.2米，它的高度与跨度的比例大致为1∶5。一般石拱桥的高度和跨度之比常常在1∶3和1∶4之间，因而桥面的坡度往往较大，对交通运输限制很大。而赵州桥这样的比例，使桥面坡度较为平缓，方便车马行人过桥。

赵州桥由28道宽25～40厘米的石拱圈组成，这些拱圈按纵向并列砌成，每一道拱圈都能独立负担桥上的载重。为了把这些拱圈紧密地连为一体，造桥的匠人又采取了一些加固措施。比如采用"护拱石""勾石""铁拉杆""腰铁"和"收分"等办法，来进一步巩固和加强各道拱圈和拱石之间的联系，防止拱圈外倾，使整个大桥更加牢固结实。建桥用的石料都是青白色的石灰岩，既坚硬耐压，又美观大方。每道拱圈由43块石料组成，每块厚约30

赵州桥

厘米，重约 1 吨左右。拱石之间除了用腰铁加以连接之外，所有拱石的各面都密密地凿有细斜纹，目的是使拱石彼此之间增加摩擦系数，更加紧密地贴合在一起。

采用约 30 厘米厚的条石铺成的桥面分为三条道路，中间走车，两旁是行人便道。在桥面和大石拱之间、拱顶两旁的三角处，各砌有两个对称的圆弧形小拱。这种结构与"实肩拱"不同，叫"敞肩拱"。敞肩拱不仅能够减少赵州桥自身的重量，还可以增加排水面积，有利于分洪泄水，从而减少洪水对桥身和桥基的威胁。

都在靠桥东侧 1/3 的桥面上分布有驴蹄印、车道沟、膝印等传说中的"仙迹"，其中手印早已因为该处坍塌重修后消失不见。明朝翟汝孝《重修大石桥记》中记载，"仙迹"应该是行车外缘的界限，以保证车辆都在桥的中央通行。这一原则很符合现代力学的原理，对保护桥梁起到很大作用。东侧"仙迹"所处部位，今天看来恰巧是支撑受力大的部位，如果在桥下手印处额外加力，支撑桥梁，对桥的安全将十分有利；同时这处"仙迹"也暗示以后万一桥体出现问题，可以在手印处设法支撑桥梁，以便于修理。

赵州桥两侧修有栏杆，栏杆上雕刻的图案精美细致，栩栩如生，具有很高的艺术价值。每边有 22 根望柱，中间 6 根刻有蛟龙图案，其余望柱都为竹节式，望柱顶上都刻有石狮。每边有栏板 21 块，中间 5 块雕有精致的盘龙，两端各 8 块都刻着卷叶纹。栏板与望柱上的盘龙蹲狮都是浮雕，雕刻的刀法遒劲硬朗，线条果断明晰。赵州桥上的龙非常有特点，不同部位的龙具有不同的形象。望柱上的龙体盘绕在柱子上，上身直立，龙爪作搏击风雨状。栏板上的龙，有的为兽头龙身，两旁用花叶和波涛来衬托；有的两条飞龙相互缠绕，嘴中喷射飞溅的水花；有的双龙前爪两两相抵，龙身从栏板孔中钻行，又各回首而望；还有的是双龙戏珠。无论何种姿态的龙，都很生动，龙身似乎都在游动着，龙尾都绕过后足向上翘起。能把同一种动物题材雕刻得如此变化多端，生动活泼，使人不得不佩服古代工匠的聪明才智和技艺高超。

赵州桥的桥基建筑在洨河河岸的粗砂层上。这些粗砂层是河水长期冲积形成的，下面沙石分布分细石层、粗石层和细砂层，此外还有黏土层，两岸则由坚实的硬黄土构成。所以，这一带是比较合适的建桥基地。不过，赵州桥的桥基比较浅，构造也相对简单。它的桥台由 5 层石料砌成，下面既没有打桩，也没有其他石料，仅用 6 厘米见方的铁柱把桥台和大石拱的拱脚联系在一起。在桥台和拱脚之间，还放置着整块的或南两层条石组成的垫石。

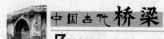

赵州桥，被誉为"沧州狮子应州塔，正定菩萨赵州桥"的"华北四宝"之一，无论从建筑技术、结构设计，还是从装饰艺术来看，都达到了中国古代桥梁建筑的高峰。因此，赵州桥可以说是我国古代桥梁建筑中最杰出的创造之一。

赵州桥自建成之后，经历了将近 1400 年的风雨。在这段漫长的历史中，历代多次对其进行了整修，其中规模较大的整修大概有 5 次以上。据史书等典籍记载，第一次在唐朝贞元九年（793 年），第二次在北宋治平三年（1066 年），第三次在明朝的嘉靖和万历年间（1522～1619 年），第四次约在清朝乾隆年间（1736～1795 年），第五次在清末光绪年间（1900 年前后）。这 5 次大的整修多由民间集资进行，由于资金匮乏，大部分整修只属于简单修补和加固工程，且质量不高。到新中国成立后，赵州桥已是千疮百孔、破烂不堪了。从 1952 年起，我国开始对赵州桥进行第六次大规模的修复工程。这次整修比较彻底，不仅对破损的桥面、栏杆等进行了修复，而且在不影响赵州桥原貌的情况下，又对桥本身结构的缺点进行了弥补，使之旧貌换新颜。这次修复工程直到 1958 年才全部竣工，使古老的赵州桥作为我国桥梁建筑史上的瑰宝又焕发了新的生机。

雕梁画栋小石桥——赵县永通桥

永通桥，又名小石桥，位于河北省赵县县城西门外的清水河上，建于唐代宗永泰元年（765 年），金、明、清各代曾经多次维修。

永通桥是一座带腹拱单孔并列券敞肩式石桥，桥长 32 米，宽 6.34 米。主拱券由 20 道独立拱券并列砌筑而成，大券上伏有 4 个小拱。桥栏长 32.7 米，跨径为 26 米，拱矢高 5.34 米。桥面东西两端各宽 6.7 米，中间宽 6.2 米。

永通桥的桥面几乎呈水平状态，利于人马通行。桥面比较粗糙，这不但增加了桥面的防滑能力，而且也更显古朴、自然。栏板两端铺有方形垫石，利于排除桥面的雨水和雪水。栏板图案雕刻，既有单面的，也有双面的，这是永通桥的一个突出特点。望柱的柱头种类繁多，有狮子柱头、葫芦形即双宝珠柱头、桃形即单宝珠柱头，还有莲花盆柱头。赵州永通桥现为全国重点文物保护单位。

永通桥

桥梁楼宇两相宜——井陉桥楼殿

　　河北省井陉县境内的苍岩山上有一座隋代修建的庙宇，叫福庆寺，这是一处有着历史渊源的著名人文景观。福庆寺久负盛名，一个重要的人文原因是其内部还建有一个公主祠，传说这座祠是隋炀帝长女南阳公主在福庆寺出家的修行场所。关于南阳公主的出家，这里面还有一段令人悲伤的传说。据《隋书·列女传》记载：隋炀帝长女南阳公主14岁就嫁给许国公宇文述的次子宇文士及为妻。隋大业十四年（618年），宇文士及的哥哥宇文化及杀隋炀帝，并挟持南阳公主跑到聊城。不久，窦建德击败宇文化及，杀宇文化及及其二子，同时也杀害了南阳公主年方10岁的小儿子。这时宇文士及又投降大唐。南阳公主家破人亡，只好到福庆寺削发为尼，福庆寺因此专门为她修建了公主祠。

　　福庆寺扬名的另一个原因与庙内一个独特的建筑形式有着很大的关系，即桥楼殿。这是一种在桥上修建殿楼的特殊桥梁建筑形式，即把桥梁与楼宇两种结构相结合，也就是在修筑完桥梁之后，又在桥上加上楼宇。在桥上建造房屋，据说在我国先秦时代就已经有了。但是在桥上建楼则要相对晚一些。据现有资料表明，建于隋末唐初的福庆寺桥楼殿差不多是目前发现的最早的

桥楼殿

桥楼复合式建筑了。宋朝以后，这样的建筑日渐增多。中国古代的桥楼在世界上可以说是最早的，法国到1916年才开始建造桥楼。

福庆寺的桥楼殿，桥为殿基，殿为桥楼，相互配合，相得益彰。历经千余年风吹雨打，其间也经历了多次整修，据说在历代的整修中，全部是针对桥上的殿楼的，而桥却从未修理过，由此可以做出一个不见得全面的结论：我国古代造桥技艺要精湛于其他建筑形式，这一推论无论是否偏颇，都说明中国古桥技术方面是没有问题的。桥楼殿下的桥与赵州桥结构相似，也是一座单孔敞肩圆弧石拱桥。这座桥跨在两崖之上，主孔跨径10.7米，没有横向拉杆，矢高3.2米。拱圈厚0.55米，用纵向并列砌筑之法修成。拱顶处桥宽约7.53米，拱脚处桥宽7.93米，拱脚比拱顶宽0.4米，目的是增强拱的稳定性。大拱肩上对称的布置着两个小拱，它们跨径1.8米，矢高0.9米，为半圆拱，拱厚0.5米，护拱石厚0.1米。不过，这两个敞肩小拱不知什么时候已被填实。该桥横跨于两头对峙的断崖之间，距山涧底部约七十米，有诗云："双崖断处造楼工，仿佛凌霄驾彩虹；仰视弧高盈万丈，登临疑是到天宫"，极言其美丽壮观。

桥楼殿结构为五间三进，属重檐楼阁式建筑。整个桥楼殿高耸险峻，构造精巧，金碧辉煌，真是"千丈虹桥望人微，天光云彩共楼飞"。但是如此高耸的桥楼殿，在起重与搬运技术设备简单落后的古代，是怎样建成的呢？这是见到桥楼殿的人都疑惑不已的问题，迄今为止，还没有找到相关的史料记载。

贵妃桥上贵妃石——安国伍仁桥

伍仁桥是明代留下来的一座著名石桥。此桥位于河北省中部安国县的伍仁村，北距县城 12 千米。桥为南北走向，横跨在磁河之上。

伍仁桥

伍仁桥，又名"贵妃桥"。因为这座石桥是由一位姓郑的贵妃下令建造的。郑贵妃是明神宗朱翊均非常宠幸的一位妃子，很有权势。在伍仁桥中间的一个拱券上，至今还镶嵌着一块大理石，人称"贵妃石"。在贵妃石上刻着这样的字迹："大明万历岁次庚子秋季月立郑贵妃敕赐修建伍仁桥"。

伍仁桥长 45 米，桥面宽 5 米。左、右两侧立有望柱，柱头上雕刻着活泼可爱的石狮子。

伍仁桥的造型均衡平稳。全桥共有五个桥洞。在这五个桥洞中，中间的一个最大，跨径为 10 米，两侧的四个次之，跨径均为 9 米，靠南、北河岸的两个又次之，跨径都是 8 米。

在伍仁桥的桥头，还立有石象和盘龙柱。这些，既是指明桥梁所在的标志，为人们的出行提供方便，同时又有桥如大象、能承载重物的意思。

据记载，安国伍仁桥建成于明神宗万历二十七年（1599 年）。此桥虽已过了 400 多个春秋，至今仍保存完好。它是安国县，也是河北省的一处重要名胜，受到了人们的珍视和爱护。

寿陵失步笑煞人——邯郸学步桥

学步桥位于邯郸市区北关街，沁河公园西段，原为木桥结构，因常遭水冲，于明代万历四十五年（1617 年）改建为拱券型石桥。桥身长 32 米，宽 9 米，高 8 米，两旁各有 19 块栏板和 18 根望柱，均雕有历史人物故事和精美的狮子、猴子等动物。桥下设有三个大桥孔，桥孔两侧附设四个小孔，桥孔中心处雕有向下俯视的龙头。桥的规模虽不大，但结构坚固，造型美观，具有民族桥梁建筑的艺术风格。唐代大诗人李白曾有"寿陵失本步，笑煞邯郸人"的诗句。新中国成立后重建，已非过去学步桥之真面目。此桥现为市级文物保护单位。

学步桥采用圆弧拱形式，改变了中国大石桥多为半圆形拱的传统。中国古代石桥拱形大多为半圆形，这种形式比较优美、完整，但也存在两方面的缺陷：一是交通不便，半圆形桥拱用于跨度比较小的桥梁比较合适，而大跨度的桥梁选用半圆形拱，就会使拱顶很高，造成桥高坡陡、车马行人过桥非常不便。二是施工不利，半圆形拱石砌石用的脚手架就会很高，增加施工的危险性。为此，学步桥采用了圆弧拱形式，使石拱高度大大降低，实现了低桥面和大跨度的双重目的，桥面过渡平稳，车辆行人非常方便，而且还具有用料省、施工方便等优点。

学步桥采用敞肩，即在大拱两端各设两个小拱。这种大拱加小拱的敞肩拱具有优异的技术性能，第一，可以增加泄洪能力，减轻洪水季节由于水量增加而产生的洪水对桥的冲击力；第二，敞肩拱比实肩拱可节省大量土石材

学步桥

料，减轻桥身的自重，从而减少桥身对桥台和桥基的垂直压力和水平推力，增加桥梁的稳固；第三，增加了造型的优美，四个小拱均衡对称，大拱与小拱构成一幅完整的图画，显得更加轻巧秀丽，体现建筑和艺术的完整统一；第四，符合结构力学理论，敞肩拱式结构在承载时使桥梁处于有利的状况，可减少主拱圈的变形，提高了桥梁的承载力和稳定性。

 知识链接

张良与遗履桥

张良是"汉初三杰"之一，汉高祖刘邦手下的重要谋臣，《史记》曾经记载了一个关于他青年时代的故事：

张良行刺秦始皇失败后，流亡到了下邳。一天，他在一座桥上碰到了一位老人，老人故意把鞋子丢到了桥下，让张良到桥下去为他把鞋子捡回来。等到张良捡回之后，老人又让张良替他把鞋子穿上，张良一一照做了。老人看到张良恭顺有礼，于是约定五天后的清晨在桥上和张良相会。可张良五天后的清晨去桥上时，老人已经先到了。他责怪张良怠慢疏忽了，又约定五天后相会。第二次张良还是比老人晚到，又约定五天后相会。第三次张良半夜就过去了，终于比老人先到，老人高兴地将一本奇书传授给了张良，让他仔细研习。后来张良凭借从此书中学到的东西辅佐刘邦建立了汉朝。相传老人就是道家世外高人黄石公，传授的奇书就是周初姜尚所著的《太公兵法》，"圯桥进履"讲的就是这个典故。

李白曾赋诗咏怀道："我来圯桥上，怀古钦英风。惟见碧流水，曾无黄石公。"（《经下邳圯桥怀张子房》）这座圯桥又被称为"遗履桥"，其确址难考。除了下邳的圯桥外，河南也有，如《河南通志》记载："河南归德府永城县有郸城桥，相传即张良进履处。"另外，在张良生活过的地方安徽涡阳，也有一座遗履桥，在石弓镇南侧的包河上，但在前些年兴修水利时已被拆掉，只遗迹尚存。

七孔桥

 具有特殊音响功能的石拱桥——遵化清东陵七孔桥

　　清东陵七孔桥俗称"五音桥"，位于河北省遵化县的清东陵区内。七孔桥的前面有龙凤店，桥的后面有神道碑亭。这是一座具有特殊音响功能的石拱桥，在我国古代桥梁中很少见。因此，它是我国现存古桥中的珍品。

　　清东陵是清朝两位帝后陵区中最大的一处。在这个陵区中，有五座皇帝陵、四座皇后陵、五座嫔妃园寝和一座公主殿，包括顺治的孝陵、康熙的景陵、乾隆的裕陵、咸丰的定陵、同治的惠陵以及慈禧太后的定东陵等。在陵区的四周，还建有一圈大红墙。墙外，还辟有一圈宽达60米的防火带。

　　七孔桥是与孝陵同时修建的，是清东陵100多座各式桥梁中的佼佼者。桥长近百米，桥面宽10米。桥面两侧修有石栏杆，每侧各有望柱62根。桥下有拱券7个。全桥形态优美，肃穆而又壮观。

　　七孔桥的特殊之处在于它的桥栏板是用特殊石材制成的。据分析，七孔桥的栏板中含有50%的方解石，这种石料含有铁质。在建桥的时候，工匠们根据每块栏板石含铁质的多少，按照我国古代音律宫、商、角、徵、羽的顺序，分别将它们安置在桥栏上。这样，当人们走在桥上、用手敲击栏板时，便会听到清脆悦耳的声音，所以，人们把它称作"五音桥"，真是恰如其分。

滹沱河故道石桥——沧州杜林桥

　　杜林桥，又名"登瀛桥"。这是一座明代留下的三孔圆拱石桥，位于河北省东部沧县的杜林村。此桥为东西走向，桥身横跨在滹沱河的故道上。

杜林桥

　　杜林桥由石料砌筑而成。全桥长66米，桥面宽7米，桥高9米。桥面左右两侧立有望柱，安有栏板。在望柱的柱头上，雕刻着狮子、麒麟和猴子。在栏板的内、外两面，采用浮雕手法，刻有人物、飞禽和走兽的图案。这些雕刻，线条流畅，刻工细腻，形态生动，布局得体，是非常宝贵的古代石雕艺术品。

　　在杜林桥的桥头，还立有一座石碑、一对石狮子。石狮和石碑为杜林桥增加了雄伟的色彩。

　　据记载，杜林桥初建于明神宗朱翊均万历二十二年（1594年），明熹宗朱由校天启五年（1625年）重修。时过300余年，杜林桥依旧非常坚固结实，可见其精湛的建筑技术。

第三节
山西古桥

沁水河上西关桥——晋城景德桥

　　景德桥是我国继赵州桥之后现存历史最悠久的古代珍贵桥梁之一。

景德桥

景德桥，俗称"西关大桥"，横跨在山西省晋城市西门外的沁水河上，是我国著名古桥之一。过去，它是晋城通往沁水、阳城地区交通干道上的一座重要桥梁，故曾有"沁阳桥"之名。

据记载，景德桥始建于金世宗大定二十九年（1189 年），金章宗明昌二年（1191 年）完工。清高宗乾隆四十八年（1783 年）重建，并将桥名改为"景德桥"，直到今天。

和河北赵州安济桥、永通桥一样，晋城景德桥也是一座单孔敞肩式弧形石拱桥。桥用二十五道立券石并排砌成，桥面长 30 米，券高 3.7 米，跨度为 16 米，券宽 6 米。主拱净跨为 21 米，拱高 9 米，拱厚 1 米。全桥用 15 道立券石并排砌成，大券两肩各有一小券，既可在洪水季节分流水量，又能减轻桥身券脚的负荷，还增添了桥自身的美感。桥面两侧还有石雕兽面、海成、行龙、海水等图案，券门上雕螭首，都很精美。

宋金石桥雄姿在——原平普济桥

普济桥，俗称"南桥"，横跨在山西省原平市城北 20 千米处的崞阳镇南门外的河流上。普济桥始建于金泰和三年（1203 年），以后历代均进行过修缮，至今仍保持了宋、金时期的桥梁建筑艺术风格。

普济桥为石砌拱桥，用行錾石和雕刻石砌成。主桥全长 30 米，跨度为 8 米，券高 7 米。桥两端各有一引桥，二小券，以分泄洪水。大小券口均为石料横旋，券口之边均有造型精美的石刻浮雕。大券口的券楣石刻浮雕的内容为避水兽头及人物故事，共 16 幅。小券位于大券的肩部，券口的浮雕，内容为蛟龙出水及九针图案。这些浮雕均典雅古朴，造型优美，精巧别致。普济桥为山西省第二批重点文物保护单位。

西南古桥

　　西南地区包括重庆市、四川省、云南省、贵州省、西藏自治区5个省级行政区，本区中部和北部以长江流域的河流为主。南部和西部则分属珠江流域、元江（红河）流域、澜沧江（湄公河）流域、怒江（萨尔温江）流域、伊洛瓦底江流域、恒河流域和印度河流域。西南地区索桥的数量最多，可以说这里由此成为索桥的发源地，由于这些地区索桥极多，许多地方都以索桥命名。

第一节
四川古桥

　　巴蜀自古江众桥多，山险路阻。几千年来，巴蜀先民因地制宜，就地取材，用土、竹、木、石、砖、藤等材料，造就了类型众多、构造别致的精美桥梁。这些迄今仍穿越巴山蜀水的竹索桥、木桥、石桥、铁索桥、伸臂桥，形色各异，至今风韵依存，著称于世。

世界索桥建筑的典范——都江堰安澜桥

　　四川成都有一座都江堰，举世闻名。它是世界上迄今为止年代最老、唯一留存、以无坝引水为特征的宏大水利工程。都江堰首鱼嘴上有一座世界上现存最长的古代索桥，横跨在岷江的内外江上，名叫安澜桥，被誉为中国古代五大桥梁之一。

安澜桥

　　岷江是长江上游水量最大的一条支流，江水汹涌，经常有渡船在这里倾覆，过渡者葬身鱼腹。很早以前人们就开始在岷江上建造桥梁了。北魏时郦道元的地理专著《水经注》，就曾提到过在山民江上建有筰桥。安澜桥修建的具体年代已经无从查考，但根据相关资料分析，安澜桥的修建时间应不晚于都江堰的修建时间，即公元前276～前251年。

据说，安澜桥在宋以前名"珠浦桥"，宋代改称"评事桥"。在明朝末年的战乱中，安澜桥一度毁于战火，人们只能摆渡过河。但由于江水湍急，加上有渡河把头乘机敲诈，百姓苦不堪言，遂把渡口称为"霸王渡"。当时流传着民谚说："走过天下路，难过霸王渡。"清嘉庆八年（1803年），私塾老师何先德夫妇在此先后修建竹索桥，以木板为桥面，旁设扶栏，行走平安，称"安栏桥"，后改称"安澜桥"，取意"安渡狂澜"。

当时的安澜桥以竹为缆，木桩为墩，承托竹索，上铺木板，旁设栏索。全桥原长500米，共有8个桥孔，其中最大一孔跨径达61米，为我国古代最长的索桥。全桥用细竹篾编成粗5寸的竹索24根，其中10根作底索，上面横铺木板当桥面；压板索2根；还有12根分列桥的两旁，作为扶栏。绞索设备安放在桥两头石室内的木笼中，用木绞车绞紧桥的底索，用大木柱绞紧扶栏索。由于竹索太长，从两头绞紧非常困难，所以在桥梁中间的石墩上增添了一套绞索设备，也置于石室木笼中。在木笼上面，修建桥亭。亭分两层，上层用木梁密排，装砌大石，以作压重；下层中空，以便行人通行。

桥墩用圆木筑成木排斜架，每墩用大木桩五根打入河底，中用横木一根连接，并围绕桩架堆砌石块，以防江水冲刷。墩中间一座石墩正位于内外江口分水嘴沙滩上，用花岗石砌成，周围打设木桩，并于上游建筑石堤数丈，以巩固墩基。

1965年，在修建新都江堰时，按照清代的桥梁式样对安澜桥进行了改建。以直径25毫米的钢丝绳代替了竹索；栏杆索锚等部分改用钢筋混凝土柱，用绳夹固定；底锚情况不变；桥身缩短至340米。1974年，外江水闸修建，因工程需要，安澜桥下移约百米，原木质桥墩亦被混凝土桩代替。

知识链接

"夫妻桥" 的传说

安澜桥又名"夫妻桥",为什么叫这个名字呢？这里面还有一段美丽而悲壮的传说呢。

明朝末年,即17世纪中叶,灌县的官府为了防御叛军进攻,拆毁了安澜桥。之后这座桥就长期没有得到重建,人们过江只能坐船,不仅时有溺水身亡的事故发生,而且还会遭到船把头的勒索。如此过了一百多年,到了清朝的嘉庆年间（1796～1820年）,有个私塾先生名叫何先德,他看到人们过江很辛苦,决心修复珠浦桥。何先德为了修桥,查阅了大量的建桥资料,又四处寻访请教当地的工匠。他详细观察桥头两边的地势,测量江岸间的距离,制成桥的模型,确定建桥方案。然后他一边募捐筹集建桥款,一边上报官府请求官府给予支持。然而,官绅们以监督建桥的名义,偷工减料,暗中侵吞了建桥的钱。就在索桥即将完工的前几天,风雨大作,桥断裂了。官绅们害怕何先德揭发他们的贪污腐败,又害怕上司调查出真相,于是,以"莫须有"的罪名将何先德杀害灭口。何先德去世之后,眼看造桥这件事又变成了泡影,他的妻子何娘子为了继承丈夫的遗志,挺身而出,决心继续把桥修好。她按照丈夫设计的大桥样式,加设栏杆,并重新做了模型进行试验,终于将桥建成。此后,人们每年用附近的新竹更换竹索,加以维护,以维持索桥的坚固。这样,岷江两岸的人们就不用再受渡江之苦了。人们为了纪念何先德夫妇,所以又管安澜桥称作"夫妻桥"。

如今,这个故事还流传在都江堰一带,川剧中也有相关的剧目在舞台上演出。何氏夫妻造桥铺路造福百姓的事迹,永远被人们记在心间。

中国第一梁板——泸州龙脑桥

　　龙脑桥位于四川省泸州市泸县大田乡龙华村的九曲河上，修建于明洪武年间（1368～1398年），是一座集建筑造型和石雕艺术于一体的古石桥。该桥为石墩石梁式平板石桥，全长55米，高约2米，宽1.9米。整桥共15跨（含桥头堡各一跨在内），桥墩14座。桥墩由四层灰沙岩石条垒砌而成，既未用榫卯衔接，也未用粘接物填缝，全靠各构件本身相互垒砌承托，在建筑技术上具有较高的价值。

　　龙脑桥为东西走向，东西两面各有3座桥墩，均无雕刻；中部跨河水面的8座桥墩首部（朝向上游一端），分别雕刻古代民间传说中的吉祥走兽，有四条龙、两只麒麟、一只青狮和一只白象。

　　龙脑桥布局奇特，雄伟壮观，在建筑技术上具有较高的价值，是中国古代桥梁的杰作。该桥建造工程浩大，雕刻精美，造型生动，工艺精湛，艺术价值较高，是至今保存完好的全国罕见的古梁板桥。1996年10月，该桥被国

龙脑桥

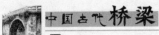

务院定为全国文物保护单位。

大渡河上铁索寒——四川泸定桥

泸定桥位于中国四川省西部的大渡河上，是一座由清朝康熙帝御批建造的悬索桥。1935 年，中国工农红军在长征途中"飞夺泸定桥"，使之成为中国共产党重要的历史纪念地。1961 年，泸定桥被中华人民共和国国务院公布为第一批全国重点文物保护单位之一。

该桥始建于清康熙四十四年（1705 年），建成于康熙四十五年（1706年）。康熙御笔题写"泸定桥"，并立御碑于桥头。

300 多年前，藏族和汉族的物质交流到大渡河全靠渡船或溜索转渡。有时不能及时渡河，大渡河两岸经常货物堆集如山，一些鲜活食品（比如说山珍海味、肉菜）因无法过河而腐烂，而军队的频繁调动在这里也成了梗阻。公元 1705 年，康熙皇帝为了国家统一，解决汉区通往藏区道路上的梗阻，下令修建大渡河上的第一座桥梁，经过一年的修建，大桥于公元 1706 年建成，康

泸定桥

150

熙皇帝取"泸水"（即大渡河旧称"沫水"，康熙错以为"泸水"）、"平定"（平定西藏准噶尔之乱）之意，御笔亲书"泸定桥"三个大字，并立御碑于桥头，碑文正文为"泸定桥"，而横批为"一统河山"。从此泸定桥便成为连接藏汉交通的纽带，泸定县也因此而得名。

泸定桥

泸定桥全长 103.67 米，宽 3 米。13 根铁链固定在两岸桥台落井里，9 根作底链，4 根分两侧作扶手，共有 12164 个铁环相扣，全桥铁件重 40 余吨。

泸定桥西有噶达庙。相传修桥的时候，13 根铁链无法牵到对岸，用了许多方法都失败了。有一天，来了一位自称噶达的藏族大力士，两腋各夹 1 根铁链乘船渡过西岸安装，当他运完 13 根铁链后，因过于劳累不幸死去。当地人修建此庙，以纪念这位修桥的英雄。当然，传说终归是传说，实际上，在修建此桥时，荥经、汉源、天全等县的能工巧匠云集于此，共商牵链渡江之计，最后采用了索渡的原理，即以粗竹索系于两岸，每根竹索上穿有 10 多个短竹筒，再把铁链系在竹筒上，然后从对岸拉动原已拴好在竹筒上的绳索，如此般巧妙地把竹筒连带铁链拉到了对岸。在这里，我们看到的是劳动人民智慧的光芒。

风吹铃响绳摇晃——汶川铃绳桥

铃绳桥，又名"镇关索桥"，位于四川省汶川县城北的关心寺旁。

过去，铃绳桥是一座竹索桥，索上挂有风铃，故名"铃绳桥"。现在，它已变成了一座钢索桥。

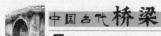

铃绳桥为单孔石桥，桥长 158 米，桥面宽 2.6 米。这是居住在当地的人们穿河过江的重要通道。

铃绳桥共用竹绳 22 根，每根直径约为 0.5 米。其中，底绳 14 根，上铺木板，以方便人们的往来通行；其余 8 根分别列于左右两侧，每侧 4 根，并和木栏杆一起构成了桥的护栏。

在桥的两端，各设将军柱两根、楼房一座。将军柱高 2 米，柱间安设横梁一根。铃绳桥的桥绳就绕在将军柱的横梁上，不至过分下坠。在楼房的下层，立有两根大柱，一根叫"立柱"，一根叫"转柱"。立柱上拴着桥绳，而转柱的作用就是把桥绳绞紧，以便保持桥梁的平稳。

铃绳桥始建于何时，史料上没有任何记载，现已无法查知。但是，《汶川县志》记载，在清朝乾隆四十一年（1776 年）的奏折中，就已经提到了这座索桥。由此可以得知，铃绳桥的始建至迟不晚于 18 世纪中期。

铃绳桥每年都要进行维修，现在它的竹索已经被钢绳代替。

知识链接

东方廊桥——姐妹桥

四川安县姐妹桥集桥、廊、亭于一体，是中外闻名的东方廊桥。

姐妹桥位于五福村李家茶园山谷，横跨茶坪河两岸。两桥高度一样，宽窄相同，样式无异，所以并称为姐妹桥。又因桥高出水面很多，人们又称之为高桥。

姐妹桥始建于元末明初，当时为石板桥。因晓茶河连年涨水，溺水之事时有发生。清同治十一年（1873 年），乡人自愿捐资捐料请工匠改建成了今天的这座木质廊桥。

姐妹桥风格独特，造型别致，是名工巧匠因地制宜、就地取材、以势架桥的智慧结晶，是研究明、清民间艺术和古桥建造的重要资料。

第二节
云南古桥

现存最早的铁链桥——永昌霁虹桥

　　有文字记载的中国最早的铁链桥，应该是西汉的汉中樊河桥，之后就是东汉景东的兰津桥。不过，目前这两座桥都已无处可寻，今日能见到年代最早的铁链桥就是云南省永平县的霁虹桥了。

　　霁虹桥坐落在云南省永平县杉杨与保山市老营之间，横跨在澜沧江上。霁虹桥历史悠久，始建于明成化年间（1465～1487年），至今经历了500多年的风雨。霁虹桥全长113.4米，跨径57.3米。它由18根铁索组成，其中底索16根，承重部分是四根一组共三组；此外，每边各有一根扶栏索。霁虹桥气势宏伟，历代多有诗人唱咏，其中明代杨慎诗："织铁悬梯飞步惊，独立缥缈青宵萍。腾蛇游舞瘴气恶，孔雀饮江烟濑清。兰津南渡哀牢国，蒲寨西连诸葛营，中原回首踰万里，怀古思归无限情。"其中的描写尤为生动传神。

　　关于霁虹桥的缘起，还有深厚的文化历史背景。永昌（今保山市）自西汉以来就是我国内地通往西域和东南亚各国的商路必经之地。当时，巴蜀商人一般都是经由这一路线渡过澜沧江到保山。这条路线曾经对古代中国的商业发挥了巨大作用，有人称之为我国的"第二条丝绸之路"。汉武帝时又开凿出一条经博南山（今永平县境内）渡澜沧江通往永昌的道路，这第二条商路也要经过霁虹桥所处的地理位置。过澜沧江的渡口叫澜津（兰津），就在今天霁虹桥附近。当年，走这条路十分艰险，尤其是要渡过艰险的澜沧江更可谓"难于上青天"。

　　由于永昌沃野千里，物产丰富，不仅有金银铜铁等重要矿产，还有琥

珀、翡翠等珍贵玉石，以及孔雀、犀牛、大象等珍禽异兽，所以历代统治者都十分看重永昌的财富，因而都对这一路线上的要隘澜津古渡十分重视。据唐代，三国时期蜀汉建兴三年（225年）诸葛亮曾命人在此修造竹索桥。

据《永昌府志》记载，元代元贞元年（1295年），也先不花把这座竹索桥改为木桥，并命名为霁虹桥。后来木桥坍塌，过往行人重新依靠摆渡过江。到了明洪武二十八年（1395年），华岳在此修建浮桥；后来又改建为木伸臂梁桥，但是不久再次被毁。明成化年间（1465～1487年），有个叫了然的和尚募捐集资建桥，"以木为柱，而以铁索横牵两岸。下无所凭，上无所倚，飘然悬空"，有人称为飞桥。这座飞桥号称"西南第一桥"，长约83米，高约55米，宽约17米，其上建有小亭。兵备副使王槐于弘治十四年（1501年）重修该桥，也在桥上修有桥屋。正德六年（1511年）又按照了然和尚所设计的式样对该桥进行重修，于次年完工。

霁虹桥在清朝又经历多次重修。康熙十二年（1673年）、康熙二十年（1681年）先后两次重建。康熙二十七年（1688年），增修两亭于南北岸。康熙三十八年（1699年）、乾隆十五年（1750年）、道光二十六年（1846年）先后三次重修。

清朝之后，霁虹桥也经历了多次屡修屡毁的命运。1979年，有关部门在对现存霁虹桥进行勘查时，发现现存的桥梁结构基本为清朝建筑。这座铁索桥飞架于悬崖峭壁之间，跨径57.3米。两岸延桥合计56.1米，即桥梁总长113.4米。16根底缆，铁链扣环直径达2.5～2.8厘米，长30～40厘米，宽8～12厘米。整个桥面宽约4.1米。

今天，霁虹桥已经被列为云南省重点文物保护单位，并且得到了很好的修复。

知识链接

滇西云龙古桥

　　云龙是大理白族自治州最西面的一个县，地处滇西纵谷区，怒江从县境西部穿过，澜沧江流经境内百余千米，把县域切为两半云龙县境内高山林立，泉水潺潺，内布江河数十条，溪流数以千计，水资源十分丰富。但山高水险，在大江大河的阻隔中生活，艰难程度也就不言而喻了。云龙古桥就是生活在这里的各族人民智慧的遗产。

　　云龙的盐业和银铜矿十分发达，为修桥奠定了物质基础。云龙是云南盐井开发最早的地区之一，共有八井，开发最早的始于汉、唐，明、清年间成为云南四大产盐地之一，食盐销到保山、腾冲、西藏以及缅甸、印度等地。盐业兴旺，带来百业繁荣，修桥铺路，开拓外交。尤其是人才辈出，有识之士捐资、倡修桥梁蔚然成风。银矿和铜矿的开采也是十分兴旺，创造了便利的特质条件。

　　云龙古桥中梁桥、浮桥、拱桥、吊桥四种类型都有，其中以梁、拱、吊三种类型居多。大小古桥近百座，少量分布在澜沧江上，多数建造在江及其支流上。云龙古桥的作用就是方便人畜通行，其在内外交往中的地位是其他方式难以取代的。

古桥中规模最大的多孔连拱桥——建水双龙桥

　　双龙桥位于云南省建水县城西3000米处，是一座十七孔大石拱桥，横亘于泸江河和塌冲河交汇处的河面上，因两河犹如双龙盘曲而得名。清乾隆年间始建三孔，后因塌冲河改道至此，又于1839年续建14孔。整座桥由数万块巨大的青石砌成，全长148米，桥宽3～5米，桥面宽敞平坦。桥上建有三

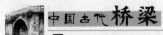

双龙桥

座造型别致的亭阁。中间的大阁为三重檐方形主阁，高近 29 米，边长 16 米，层檐重叠，檐角交错。拾级登楼，可远眺万顷田畴、万家灯火。南端桥亭为重檐六角攒尖顶，檐角飞翘，玲珑秀丽。双龙桥是云南省石桥中规模最大的一座，它承袭我国连拱桥的传统风格，是我国古桥梁中的佳作，为云南省级重点文物保护单位。

双龙桥是云南古桥梁中规模最大、艺术价值最高的一座多孔连拱桥，它承袭了我国古代桥梁建筑风格的特点，融桥梁建筑科学和造型艺术为一体，在我国古代桥梁史上占有着重要地位。

龙盘虎踞禄衣河——禄丰星宿桥

星宿桥，原名"永丰桥"，建于明万历年间，跨于云南省禄丰县西门外的禄衣河（又称"星宿江"）上，俗称"西门大桥"。这里江面宽阔，石头显露，状若群星。桥西有一座大型石坊，上雕瓦檐斗拱；冲间嵌有 9 通道光十二年（1832 年）《修建星宿桥碑记》石刻，碑文详细叙述了建桥始末和名人题联。东、西桥头各置石狮 1 对，神态各异，威武雄健。桥上的石坊、碑、石雕融为一体，相映成趣，构成一套完美的建筑组合。1983 年该桥被列为省级重点文物保护单位。

星宿桥为七孔尖拱石桥，全长 96.5 米，宽 9.8 米。桥面两侧砌有实体护栏，高 0.6 米，厚 0.4 米。两头船形桥全长 18 米，宽 4.3 米。桥身全用红砂石砌成，石条之间用石灰掺糯米浆浇灌，黏连紧密，坚硬牢固。桥东建有一座琉璃龙脊木坊，4 柱 3 门，斗拱飞檐。木柱两旁有扁形石鼓，上雕龙盘虎踞。坊上木匾题有"星宿桥"三个大字，为云贵总督阮元于道光十年（1830年）所题写。

星宿桥

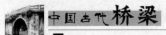

第三节
贵州古桥

载歌载舞迎宾客——黎平地坪花桥

    地坪花桥位于贵州省黎平城南 54 千米处,始建于清光绪九年（1883年）。地坪花桥为石墩木梁式桥,桥墩用青石砌成,桥为木质结构。桥廊连在梁的上面,桥廊长 56 米,桥面宽 4.5 米。桥廊上建有桥楼 3 座。中楼高 5 米,5 层重檐,4 角攒尖顶,顶部置葫芦宝顶,宝顶下饰以如意头装饰,形似鼓楼。两头小楼高 3 米,3 层重檐,悬山顶屋面。全桥结构不用一钉一铆,全用穿榫衔接。桥的下部由两排各为 8 根粗大的杉木穿榫连成一体。分两层呈天平状向两边悬挑,每层挑出约 2 米,上部两头又分两层,每层以 4 根合抱大的古杉用榫连成一排,叠成桥梁架于墩岸之间。整座桥梁,楼阁峥嵘,阁道绵延,密檐翘角,形式美观,呈现出当地少数民族建筑的独特风貌。

    流经地坪桥下的河叫"地坪河",自南江河而下,流经乡境内,至广西高安入都柳江,全长约 30 千米,可通木帆船及放运木排等,未通公路前,曾为县内东南部地区水运交通咽喉要地。相传这里未开发前是一块荒芜的沙滩。后来人们将它开垦成数块大小不等的平地,便在这里定居,所以叫"地坪"。

    桥北端的平地上,配建有一座风雨亭,高约 9 米,为六角攒尖顶,顶上置一宝葫芦,小巧别致,

地坪花桥

全桥布局、构造和装饰有着浓厚的民族色彩。

地坪花桥除了便于行人过往小憩之外，还是当地侗族人民进行欢歌娱乐的场所。每年中秋，地坪附近的侗村苗寨，都会组织芦笙队欢聚在这里比赛。凡重大节日庆典，侗家男女老少，穿着盛装，云集桥上，载歌载舞，热情迎送宾客。原国家邮电部曾用地坪花桥作为图案发行邮票。

双溪万善孟塘河——贵州大七孔桥

大七孔桥，原名万善桥，又名双溪桥，位于贵州省王蒙乡孟塘村附近的孟塘河上。大桥共有 7 个桥孔，高 7 米，宽 4.5 米，长 35 米，横跨东西。

该桥始建于清道光二十年（1847 年），于三十年（1850 年）竣工。后因桥被洪水冲毁一孔，交通中断，清光绪三年（1877 年）重新修复，改名为"双溪桥"，是新中国成立前荔波县境内第一大石拱桥。

大七孔桥

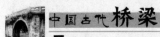

知识链接

贵州花桥

　　花桥是侗族的一种艺术建筑，花桥的全部桥身都是用杉木横穿直套，铆眼相接，不用一根铁钉或铁部件，结构极为合理。人们还在桥身上建起一个长廊式的建筑，把桥身完全遮盖起来，长廊内有供路人休息的长凳。因为人们可以在桥上避风躲雨，所以花桥也被人们称为"风雨桥"或"长廊风雨桥"。

　　花桥是侗族人民建筑艺术的精华。侗族人民在环绕村寨的河流上或穿寨而过的小溪上，建起一座座具有浓厚民族特色的花桥。

　　从结构上看，花桥可以分为亭阁式和鼓楼式两种。桥面上有亭阁式建筑的是亭阁式花桥，这种花桥在侗族地区是最常见的。在比较宽阔的河面上，往往在大桥长廊上再加盖三至五层的四檐四角的鼓楼式建筑，这便是壮观的鼓楼式花桥。

西北与东北古桥

西北地区包括新疆维吾尔自治区、宁夏回族自治区和青海、陕西、甘肃两区三省之地。中国古代著名的伸臂梁桥也多出自这一区域,如兰州的握桥、廊桥,甘南木伸臂梁桥,交昌县的阴平桥等。甘肃以及与甘肃交界的周围诸省内也有不少桥梁属于此类,这些与甘肃境内的伸臂梁桥是一个整体。

东北包括黑、吉、辽三省地区,南面是黄、渤二海,东和北面有鸭绿江、图们江、乌苏里江和黑龙江环绕,仅西面为陆界。境内水绕山环,古桥众多。

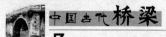

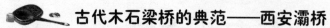

第一节
陕西古桥

古代木石梁桥的典范——西安灞桥

灞桥在今天陕西省西安市东北处的灞水之上，一直以来都是西安与临潼以东的交通咽喉，是西安东部的门户和天然屏障。出入西安，必经灞桥，灞桥自然成为战略要地。

灞河原名滋水，是发源于秦岭蓝谷的一条河，横贯西安东部，向北注入渭河。灞桥的始建年代已无可考，但据北魏时成书的《水经注》记载，在公元前7世纪的春秋时代，秦国的国王秦穆公打败了西戎国。他为了宣扬自己的武力功绩，彰显自己的霸业，在夺取了西安这块土地之后，将滋水更名为"霸水"，将桥更名为"霸桥"。据说当时的霸桥，是一座木梁桥，可见，灞桥的建造时间远早于此。

公元前3世纪，秦穆公的后代秦始皇统一了中国。据说，他的军队就是从霸桥上赶赴前线，又经霸桥胜利回朝的。楚汉相争的时代，刘邦率先由武关攻入关中，攻占秦都咸阳，而后屯兵霸上，也就是在霸桥的旁边。

西汉末年，王莽篡立"新朝"。在新朝的地皇三年（公元22年），有人在霸桥下生火，不慎引发火灾，导致桥毁，附近居民受到波及，伤亡惨重。大家纷纷认为，这是王莽篡权所得到的"天谴"。重修霸桥之后，为弥补过错，增加一些吉祥、施行仁道的意义，将桥更名为"长存桥"。

隋开皇三年（583年），隋文帝杨坚重修了霸桥，同时将霸水改为"灞水"，霸桥改为"灞桥"。这次重修之后的灞桥采用了石柱石梁结构。据说当时天下只有四座桥是石柱石梁结构，洛阳有三座，而西安只有灞桥。

唐代的灞桥，已经是令无数文人魂牵梦萦的地方了。仅《全唐诗》中直

灞桥

接描写或提及灞桥（灞水、灞陵）的诗篇就达 114 首之多。其后经过历代墨客骚人妙笔的润饰，日久天长，灞桥竟被人们改称为"情尽桥""断肠桥""销魂桥"。

因为灞桥为长安城（今西安）通往各地的必经之地，长安的百姓们凡送别亲人与好友东去，都要送到灞桥，然后折柳树枝相送。古往今来，人们就在灞河两岸筑堤植柳，久而久之，灞桥两岸逐渐柳树成荫。据说，公元 7 世纪～10 世纪的隋唐时期，灞桥两岸有柳树上万株，是长安城的一道亮丽风景。

现存北京故宫博物院的《灞桥风雪图》，为明代著名画家吴伟所绘。画中描绘了一位老者骑着一头驴经过灞桥，背后是山野悬崖，树木凋零，风雪弥漫，而老者则一派悠然自得，似乎正在吟诵诗词。

宋神宗年间（1068～1085 年），灞桥被毁重修。元至元三年（1266 年），山东堂邑商人刘斌来长安经商，回山东时乘坐马车涉水过灞河，财物尽失，

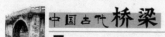

商旅同人全都没水而亡，只有他一人脱险，刘斌遂决心在此修建一座石桥。后历时25年，他克服重重困难，终于建成一座15孔的石拱桥。

灞桥几经风雨，屡毁屡修，最后一次大修是在清道光十三年（1833年）。这次建造的又是一座木梁桥，桥长近400米，宽约7米，历经100多年仍坚固如初。桥两侧砌石为栏，雕有瓜果鸟兽。桥两头建三开门牌楼一座，气势雄伟。每一桥墩都由六根石柱组成，每根石柱用四层石磙叠砌，底部用石盘承托，石盘下打了11根柏木梅花形桩；6根石柱的顶端放上一根石梁，把6根石柱合成一体，形成了今天所说的石排架墩，这是桥梁史上最早的一种轻型墩；又在桥墩之间和桥墩上下游各4米宽的河床内筑有厚约1米的白灰三合土护底铺砌，以防止大水冲刷桥基。

古灞桥堪称中国古代木、石梁桥的典范。1957年再次对灞桥进行了改建，将上部的木梁改为钢筋水泥桥梁，而下部依然保持石制的排架墩，桥面拓宽为10米。现桥共有64孔，长389米。这也就是我们今天看到的贯通灞河之上的灞桥。

有情守信的典范——蓝田蓝桥

尾生是中国历史上第一个有记载的为情而死的男青年。事见《庄子·盗跖》篇："尾生与女子期于梁下，女子不来，水至不去，抱梁柱而死。"

"尾生抱柱"是一个流传在中国的古老的爱情故事。故事讲的是：战国年间，有一个叫尾生的小伙子，与一个姑娘约会，约会的地点在一座桥下。那

个姑娘不知道什么原因没有前来，而偏偏那天突然发了大水，尾生为了坚守约定、不失信于姑娘，一直抱着桥柱不肯离去，最终被大水淹没而死。

这个故事从公元前一直流传到今天，而尾生这个傻乎乎的小伙子也被后人誉为有情守信的典范。

而这座承载着爱情与信义的桥，位于陕西蓝田县的兰峪水东南25千米处的蓝溪之上，称为"蓝

蓝桥遗址

桥"。古老的蓝桥早已毁灭，现在古蓝田关驿不远处有一巨石，上刻"抱柱处"三个隶书大字，记载了这段凄美的爱情传说。

知识链接

情仙与蓝桥驿

蓝桥位于蓝田、商洛之间，是交通要津，蓝桥所在地的驿站，就叫作蓝桥驿。

到了中国古代最繁盛的唐代，蓝桥驿又发生了一个有关爱情的故事。唐代裴铏所作的小说《传奇·裴航》里写道，有一个名叫裴航的秀才，科举落第，就寄情山水，到处游历，以排遣心中的苦楚。一天，在去湘汉的船上，同船有一位樊夫人，长得国色天香，美丽绝伦。可裴航只听到她说话，却没有机会见面。于是，他写了一首诗，贿赂了她的侍女拿去送给樊夫人。诗的大意就是想见她一面。樊夫人看到诗之后，约裴航见了一面，说明自己乃有夫之妇，并回赠了一首诗。奈何，裴航却不理解诗中含义。等船到襄汉，樊夫人和她的侍女不辞而别，从此杳无音信。裴航寻找了很久，也没有再见到樊夫人。

后来裴航再次赴京赶考，依然落第，心灰意冷之际，他路过蓝桥驿，遇见一位织麻的老婆婆。裴航非常口渴，想要一口水喝。于是，老婆婆就呼唤了一声："云英，拿水来，公子想要喝水。"听到"云英"二字，裴航猛然一惊，他突然想到樊夫人留赠给他的诗中，也有"云英"二字，莫非指的就是这个女子吗？那位名唤云英的女子捧了一瓯水给他，那水甘甜如玉液。裴航再看云英姑娘，更是姿容绝世，芳丽无比，十分喜欢，很想娶云英姑娘为妻。老婆婆说，自己染上了一种怪病，昨天有一个神仙来，给了一些药，但说明一定要用月宫中玉兔捣药的那个玉杵臼捣碎才可服用，而且只有百日的限期。要想娶云英，就必须以玉杵臼为聘礼，而且为老婆婆捣药一百天才成。

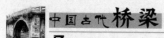

　　裴航答应了老婆婆的要求，返回长安，在曲坊闹市等热闹的地方大声询问有没有人知道玉杵臼的下落。不管认识不认识，他逢人就问，很多人都觉得这人是个疯子。这样过了有一段日子，一个老翁跟他说，药铺的卞老好像有个玉杵臼想卖。

　　他找到卞老，表示愿买玉杵臼。但卞老要价很高，裴航把所有的钱加在一起还不够，不得已又卖了货物与马匹，才凑够了卞老所要的钱。

　　当他手捧玉杵臼来到蓝桥驿的时候，他已经一贫如洗，身无分文了。老婆婆见裴航既守信用，又为了爱情而不惜钱财，很受感动。之后，裴航又用了一百天来捣药，希望早日捣好药治愈老夫人的病。他的虔诚感天动地，还引来了月宫里的玉兔帮忙，终于在规定时间里，他捣好了药，给老婆婆服下。老婆婆服药之后，让裴航在那里稍候，她和云英进到山里。不一会儿，就有豪华的马车来接他，把他接到一个富丽堂皇的宫殿里，在那里他和云英举行了婚礼。婚礼上，他见到了当时在船上邂逅的樊夫人云翘，原来她就是云英的姐姐。婚后，裴航与云英双双入玉峰，成仙而去。

　　这个裴航，可算得上是个有情有义的男人。他用自己的真心真意换来了爱情。他千金散尽购来玉杵臼，又不辞辛苦捣药百日，方才迎娶云英，其间所受的委屈、苦难，使这个爱情故事更加温馨感人。中国古代传说中的神仙很多，但似乎只有裴航被赋予了一个很好听的名字——情仙。

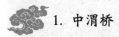 **渭水三桥伤离别——咸阳渭桥**

在咸阳旧遗址城附近的渭水上，有三座闻名中外的多跨木梁木柱桥——中渭、东渭和西渭桥，习惯上被称为"渭水三桥"。由于年代久远，史料记载又众说不一，因此三桥的修建年代无从可考，只能大致整理出其修建和演化的过程：春秋时代，秦国兴起于渭水上游，后来建都咸阳，据文献记载，当时的咸阳就有渭水穿城流过，其时水上已经修建有桥。到了汉代，由于项羽火烧秦都，秦都城损毁严重，汉天子移都长安东南，至唐代不断扩充长安都城规模。与此同时，汉代在渭水上又建造了东西两座桥梁，咸阳渭桥恰在其中，故又称中渭桥，至此形成了"渭水三桥"的格局。唐朝虽对其多次改建，仍为三桥并存。

1. 中渭桥

关于中渭桥的修建，历史上有三种不同的说法：

（1）为秦昭王所建。《括地志》称："秦于渭南有兴宫，渭北有咸阳宫。秦昭王欲通二宫之间，造横桥长三百八十步。"

（2）《初学记》中有这样的叙述："始皇帝即位。在渭南作长乐宫，桥通二宫……渭水贯都以象天河，横桥南渡，以象牵牛。"可见秦始皇为显天子尊贵，将渭河喻为天上银河，为效法牵牛星座而修建了用来沟通长乐宫和咸阳宫的渭桥。

（3）秦始皇在统一天下之后修建了中渭桥。孙星衍校本《三辅黄图》中有这样的记载："咸阳古城，自秦孝公、始皇帝、胡亥并都此城。始皇帝兼天下，都咸阳，因北陵营殿，端门四达，以则紫宫，象帝居。渭水贯都，以象天汉；横桥南渡，以法牵牛。桥广六尺，南北三百八十步，六十八间，七百五十柱，百二十二梁。桥之南北有堤，激立石柱。柱南京兆主之，柱北冯翊主之，有令丞各领徒一千人。桥之北垒石水中。"

《水经注》里详细记载了中渭桥的全貌。桥全长约525米，宽约13.8米；由750根木柱组成了367个桥墩；68个桥孔，平均每孔跨径7.72米，中间桥孔跨径达9米；在木柱桩装群上加盖顶横梁，组成排架墩；再在排架墩上搁置大木梁，然后横上木桥面，桥两侧设有雕花木栏杆。中间桥孔高而大，两

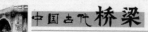

中渭桥

边桥孔低而小，成八字形，既能使高大的楼船顺利通过，又可以迅速排除桥面雨水，防止木板桥腐烂。两端竖立华表、水妖石雕、石灯柱等。

中渭桥命运多舛，历史上曾经多次被毁，又多次被修复。唐贞观年间，又被移离原址；唐元和十一年（816年），渭水泛滥，中渭桥再次被毁。《高陵县志》中记载，在中渭桥原桥址，还曾发现中渭桥柱。现在出土实物证明，唐代中渭新桥为木梁木柱桥。近年考古，发现今西安北郊六村堡相家巷北500米外的田地里有木桩和大石块，这些都是古渭桥的遗迹。由于古渭河逐渐改变河道，渭水北移，三桥都早已埋没在今天的渭河岸上。

 2. 东渭桥

东渭桥修建于汉景帝五年（公元前152年）三月，坐落在长安东北。据《初学记》记载："汉造西、东二桥，以木为桩。"可见东渭桥是一座木梁木柱桥。东渭桥下的水道，当时曾是重要的运送粮食与货物的漕运通道。据史书记载，汉唐时江南的粮食就由淮泗经汴河，逆黄河而上，通过渭水运至长安。有时候，还将部分粮食储存在东渭桥头著名的东渭仓。

汉朝的东渭桥在经过几百年的风雨侵蚀之后，以及渭水的几经改道，早已经沉埋于现在的渭河堤岸的土壤中，成为历史的陈迹。陕西省文物管理委员会和高陵县分别于1978年、1980年对东渭桥遗址进行了勘查。1981年，经过钻探，发现该桥距今渭河南岸2.5千米，距高陵县城11千米。桥长约400米，南北走向。南岸尚有残留石料铺砌的引道约160米，宽约12米。桥址南端，有青石桥墩两个，四楞形或圆形松木桩90多个。四楞形木桩边宽17.2厘米或21厘米，长89厘米。圆形木桩长度不等。青石条长短宽厚不一，最大者长1.6米，宽1米，厚0.2~0.4米；小者宽0.55~0.94米，厚0.24~0.4米，长度较短。石条上凿有锭形和曲尺形沟槽，用以灌铁汁相连。另有许多拳头大小的卵石，亦用铁汁铸在一起，用以固定立于细沙中的松木排桩。桥墩迎水面有分水尖。

1967年，高陵县耿镇在白家嘴西南约300米处发掘出唐开元九年（721年）的《东渭桥记》石刻。据记载，唐东渭桥亦为木柱桥，并于唐开元年间重建。在考古发掘中，挖出木柱共14排，因残朽较甚，宽度不尽相同，在9.5~12.6米之间不等。木柱底部用大块青石和卵石围砌，石板之间连以铁栓，石块与卵石缝隙中灌以铁汁，护柱石块周围打有小木桩。每四根木柱为一排架，柱顶架横梁。梁柱之间亦以铁栓板连接。出土时尚遗留有锈迹斑斑的铁栓板。在木柱排架上架有端木，再放长梁，梁上铺板。

《旧唐书·崔元略传》记载，因为813年渭水暴涨，三渭桥皆毁，崔元略在818~824年再造东渭桥。据史料记载，这座721年落成的唐东渭桥在唐代曾经多次修缮。

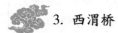 **3. 西渭桥**

西渭桥坐落在距长安城西北20千米处的茂陵一带。根据考古发现，西渭桥的遗址位于今咸阳市钓鱼台乡的文王嘴附近。西渭桥历来就是兵家必争之地，因为它不仅离茂陵近，而且可以由此西通向西北各地，也可以由古栈道进入更远的地方，直到河西走廊一带，可以说处于当时的交通要道之上。

历史上有不少关于西渭桥的典故。《资治通鉴·唐纪七》中记有这样一段历史：628年，唐太宗刚即位，突厥首领颉利可汗就带兵进犯，一直打到西渭桥。唐太宗隔着渭水责备颉利可汗违约，颉利可汗感到惭愧，就与唐太宗在

西渭桥上重新订立盟约。据说唐玄宗在天宝十五年（756年）的安史之乱中，也是经由此桥逃往现在的四川地区的。杨国忠为断绝追兵，就在过桥后纵火焚桥，遭到了玄宗的斥责："百姓都要靠此桥过河逃命，你怎么能断绝他们的逃生之路呢？"马上命令高力士等人扑灭了大火。

渭城就是咸阳的古称，因此西渭桥又称为咸阳桥。杜甫有诗云："尘埃不见咸阳桥"，所讲的就是西渭桥。宋朝《长安志·咸阳》记载这座桥毁于唐朝末年，后来曾在其旧址临时搭建浮桥，之后也曾重新修建，但不久又被洪水冲毁。992年，西渭桥曾经迁建于孙家滩。明朝于1371年将咸阳城迁到今咸阳市内，西渭桥即不复存在。

知识链接

三原龙桥

三原龙桥是我国现存著名的一座古代大型多孔石拱桥。

龙桥位于陕西省三原市内南北两城之间，横跨在清河之上。

龙桥是用铁链和石条筑成。桥长110米，桥面宽11米，桥高26米。桥面两侧安装有雕刻精美的石栏杆，有效地保护了人们的安全通行，同时也使桥梁变得更为美观。

据历史文献记载，三原龙桥建于明代万历十九年至三十一年（1591~1603年）。除清朝顺治十三年（1656年）、乾隆二十年（1755年）、咸丰元年（1851年）对桥面和桥头两端的堤岸进行过修整外，桥体本身依旧为初建时的原物。虽然明万历四十四年（1616年）和1933年这里曾经发过两次大洪水，但桥身依旧安然无恙，可见其坚固结实的程度。

时毁时建，命运多舛——朝邑蒲津浮桥

蒲津浮桥是一座古老的曲浮桥，它坐落在今天的陕西省朝邑县的黄河上。蒲津浮桥所处位置在古代属于蒲的区域之内，因此这里摆渡过河的地方被称为蒲津。蒲津自古以来就是一个著名的交通要道，无论是尧、舜、禹去四方巡狩，还是春秋、战国时期东西方往来，人们都需要从这里渡过黄河。尤其是周朝以来，共有10个朝代定都长安，人们往来京城必经此地。因此，自古以来蒲津就是一个重要的渡口。据《史记》记载，蒲津浮桥最初是秦昭襄王五十年（公元前257年），在蒲津渡口建成的。自此以后，蒲津桥作为一座临时性的浮桥却永久性地存在了下来。尽管它时毁时建，但是断断续续地存在了1800多年。

蒲津浮桥自从初次修建以来，就一直担负着重要的责任，在历史上也占有一席之地。《史记》中说秦始皇于二十九年（公元前218年），巡视四方，就是从此处过河。《资治通鉴·汉纪》中也记载，汉高祖二年（公元前205年），“汉王自临晋渡河，魏王豹降，将兵从”。但是，汉高祖三年，“魏王豹谒归视亲，至即绝河津（断蒲津浮桥）反为楚”。后汉的曹操西征马超，也是

蒲津浮桥

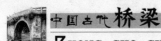

从蒲津浮桥过河，并占据河西为营。可见，在汉朝时期开始，蒲津浮桥就已遭受过战乱的破坏。

后来，同样是由于军事的需要，蒲津浮桥又屡屡被毁，不过旋即修复。《周书·文帝纪》记载："魏大统三年（537年）春正月，东魏寇龙门，屯军蒲坂，造三道浮桥过河。"《资治通鉴·隋纪八》记载，李渊于隋大业十三年（617年）攻陷蒲津，浮桥再次被毁。唐武德三年（620年），李渊去蒲州巡视时，蒲津浮桥又已修复。从史书上来看，蒲津浮桥真可谓命运多舛。

不过，到了唐朝时期，蒲津浮桥因其重要的地理位置，终于得到了应有的重视。据张九龄所著《唐六典》中记载："天下造舟之梁四，河三洛一。河则蒲津、太阳、盟津。洛则孝义。"在天下最重要的四座浮桥当中，蒲津浮桥高居其首，可见其重要性。

到了唐玄宗时期，蒲津浮桥得到了非常好的修建，在其历史上可以说是最为辉煌的阶段。开元十二年（724年），唐玄宗命人增修蒲津浮桥，兵部尚书张说作了《蒲津桥赞》，详细地说明了建桥的原委，记录了建桥的经过以及桥建好后的规模。据说，原桥"横短百制（唐一制为18尺，一尺合0.28～0.323米），连舰千艘。辫修笮以维之，系围木以距之。亦云固矣"。可见原桥不仅规模很大，而且很结实。但是，每到冬春之际黄河上游的冰凌都会汹涌而下，冲撞磨损浮桥，久而久之，浮桥就会遭遇索断船破的命运。这样，每年都要更换竹索维修浮船，既劳民又伤财。唐玄宗得知这种情况后，便招募百工炼铁铸链，要用坚硬结实的铁链代替脆弱易断的竹索。这项工程十分浩大，用了12年时间才建成。两岸各有四头重达数万斤的铁牛，由四名铁人驱策。两座铁山，前后有18根铁柱。蒲津浮桥用铁人、铁牛、铁山等来固定，这在桥梁史上是一个划时代的变化。自此，蒲津浮桥成为一座比较坚固性的桥梁。

 知识链接

捞铁牛

《通鉴·唐纪七十八》记载，唐昭宗天复元年（901年），浮桥被流冰所毁。宋英宗治平二年（1065年）八月，由于黄河流域连降暴雨，水位大涨，在洪水的猛烈冲击之下，就连浮桥西侧的铁牛都陷入水中，木质浮桥更是难以保全。水退之后，要修复浮桥，首先必须把落入水中的铁牛起出来。由于铁牛重达数万斤，在没有起重设备的古代，是很难把它从河中淤泥里拔出来再拖到岸上的。于是，官府特地悬赏招募能够起出铁牛的能人。后来，有个叫怀丙的和尚想出了解决的办法。他用两艘大船装满土，把铁牛捆在两船中间，再取大木作权衡状（像秤一样的杠杆作用）钓牛。然后慢慢去掉船上的土，压力减小，浮力增加，船浮起的同时，也就把牛带出来了。这样，浮桥在经历又一次的灾难之后重获新生。这个利用水的浮力打捞重物的故事也广为流传，成为一个经典的智慧故事。

　　一则由于蒲津浮桥容易受损，二则由于蒲津浮桥的重要性，唐宋两朝都很重视对桥的维修与养护，不仅专门制订了详尽的管理细则，还派专人负责浮桥的养护工作。据《宋会要》记载，治平四年（1067 年），为了减少黄河主流对桥的冲击力度，官府专门派人疏通支流河道，增大支流水量，以分减主流河道水流量。元丰六年（1083 年），官府又派人修建浮桥堤岸。平时，设有专门负责管理浮桥的人员，直到金末，浮桥被元兵烧断之后，对浮桥的养护也因而中断。

　　南宋嘉定十五年（1222 年），金国守将侯小叔为了防备元兵侵犯，就拆掉浮桥，断绝元兵进攻之路。但是这样并没有阻挡元兵的进攻。不久，元朝将军石天应乘虚袭取河中府，并重建浮桥，恢复交通。金国收复河中府，即拆断浮桥。在这样的拉锯战中，蒲津浮桥被反复焚毁、修复。直到元末，明朝大将徐达于明太祖洪武二年（1369 年）攻占河中，重新修复浮桥。

　　虽然蒲津浮桥经常因自然损害或战争祸害被毁，但是只要两岸铁牛尚在，就可以很容易地修复浮桥。因为有铁牛在，就有锚定铁链的地方，浮桥就随时可以架设起来。但由于河道屡屡变迁，淤泥增加，铁牛逐渐被埋没。据《永济县志》记载，明隆庆四年（1570 年）黄河涨水，水退后主

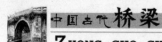
流西移朝邑，把西岸的铁人铁牛全部陷于河底。到清朝，乾隆、嘉庆年间，黄河主流继续西移，越移越远，于是西岸铁牛便被完全掩埋在河床之下了。

黄河主流虽然向西迁移，然而每逢发洪水之后，淤泥便增多，到民国初年，原东岸铁牛也淹没于淤泥之中。至此，黄河古道上再也看不见蒲津浮桥与铁人铁牛的影子了。

直到 1989 年，东岸铁人铁牛才重见天日。这一年，山西省永济博物馆开展对东岸铁人铁牛进行挖掘工作，并取得成功。挖出来的铁人均着唐装，三武一文，文者可能是津吏；铁牛雄武英猛，孔武有力。开元文物，终于再现世间。不过，西岸铁牛仍然埋在土中。

知识链接

沣桥遗迹

沣桥也是秦梁汉柱中一座具有代表性的桥梁。它坐落在长安西南 1500 米外的沣水之上，因此又称三里桥。现在这个地方在长安县灵沼乡管道村旁半公里处，俗名梁家桥。关于沣桥的始建年代，说法不一。但是由于沣桥坐落的地方是汉朝从长安去咸阳的必经之路，那么早在汉朝就应该有桥架在沣水之上了。

关于沣桥正式的历史记载，是从明永乐十二年（1414 年）开始的，这应该是沣桥重建的时间。明弘治五年（1492 年）又对沣桥进行重修。重修后的桥梁是一座木桥，长一丈五尺，宽约二丈余。清代，人们把这座木桥改为有 27 孔的石轴柱桥，有 4 层石轴柱，每层 6 根。石柱之间用铁条加以箍靠，目的是增加桥的稳定性和抗水冲击的能力。8 根木梁并列，柱顶新中国成立后，20 世纪 50 年代曾经多次维修保养该桥，因而桥况良好。不过，由于日常管理的松懈，当地居民在桥下大量采沙，导致河床逐年下陷，天长日久，桥墩桩都露出来了。1986 年发洪水，沣桥轰然倒塌。石轴残石，散乱地堆积在岸边。一座历史古桥在这个世界上无声无息地消失了。

第二节
甘肃古桥

渭水长虹—卧桥——渭源灞陵桥

灞陵桥，又名"卧桥"，位于甘肃省渭源县城南门外的清源河上。该桥始建于明洪武年间（1368～1398 年），后被洪水冲毁，清同治末年（1875 年），由左宗棠部属梅开泰重建；1919 年仿兰州卧桥改建，被称为"渭水长虹"。桥为南北向，全长 40 米，高 15.4 米，宽 4.8 米，跨径为 29.5 米。整个桥分为 13 间，64 柱。桥面和桥底均铺有每排 10 根粗壮圆木，并列为 11 组，从两岸桥墩底部逐次递级而上，凌空而上，形成半圆状桥体。桥面有台阶通道三条，并配有栏杆扶手。桥顶为飞檐挑阁式的廊房屋面造型，全为木制结构，精巧壮观，已成渭水一大景观。于右仁先生曾为此桥题写了"大道之行"的匾额。

灞陵桥为纯木的卧式悬臂拱桥，桥身高耸，以前所建皆为平桥，1919 年

灞陵桥

仿兰州卧桥改建于原址。

以其独特的建筑结构和艺术风格，闻名全国。桥两端有左宗棠、孙科、杨虎城、于右任、蒋介石等人的诗、词、联名和题字。

白水红桥春水涨——兰州握桥

兰州握桥，又名"卧桥"，位于兰州城西，始建于明永乐年间（1403～1424年）。清乾隆年间因战火、洪水，三坏三修。嘉庆二年（1797年），刘汉捐银3000两重修。道光二十一年（1841年），曹晓霞出资补修。光绪十三年（1904年）再修。虽经清代两次重建，现桥已不存在。

兰州旧时有八景，其中之一是"虹桥春涨"，虹桥春涨便是指雷坛河握桥的美丽景观。握桥位于阿干河下游的雷坛河上，即今兰州市工人文化宫东侧雷坛河桥处。握桥是一座典型的伸臂木梁桥，中国桥梁专家茅以升在他的《中国古桥技术史》中曾对兰州握桥给予了很高的评价，说兰州握桥是中国"伸臂木梁桥的一个代表"。

据记载握桥由28根朱红大柱组成桥廊13间，中间3间，两侧各5间。廊柱下端柱头倒挂，雕成桃形；柱的上方有缕花装饰，花栏廊厦。桥头翼亭四角飞檐，卷棚歇山顶，上覆黑色琉璃瓦，造型雄伟奇特，建筑手艺精巧，别具一格。翼亭均有题额，东亭前额"空中鳌背"，阴额"彩虹"；西亭前额"天上慈航"，阴额"新月"。桥呈穹隆特起之弓形，且涂以红色，故称"虹桥"。桥上木植均施彩绘，美轮美奂。雷坛河水经此桥入黄河，入冬河流结冰，冰层逐渐加厚；入春，冰融水涨，片片冰块涌向桥下，水沫飞溅，浪涛轰鸣，水雾氤氲，恰似一弯彩虹横卧在有如云奔烟飘的波涛之上，白水红桥，绮丽壮观，形成"虹桥春涨"景观，引得文人骚客歌咏不已。《虹桥春涨》一诗赞："不凭支柱架虹腰，独卧河干历几朝。桥上行人桥下影，年年来去送寒潮。"又有一首诗写道："春桥春渡观春华，春水春山春景佳。河涨春桥桥春涨，流沙过客客流沙。"

雷坛河是七里河地区汇入黄河的最大支流，握桥曾是沟通城关地区与七里河地区的主要津梁。因为此桥是木结构桥，所以只能过人，不能通车。民国时期，为了能使车辆通过雷坛河，人们在握桥南侧增修了一座公路木平桥。1952年，为了修通七里河、西固的西郊林荫大道，决定将解放门以西的路段加宽，由于握桥已影响施工，遂将此桥拆除。

天下黄河第一桥——兰州黄河铁桥

黄河铁桥位于甘肃省兰州城北的白塔山下、金城关前，有"天下黄河第一桥"之称，是兰州市内的标志性建筑之一。铁桥建成之前，这里设有浮桥横渡黄河。浮桥始建于明洪武年间（1368～1398年），名叫"镇远桥"，现在尚存建桥所用的一根铁柱，高达3米，重约数吨，上有"洪武九年"字样。

兰州黄河铁桥建造于清光绪三十三年至宣统元年（1907～1909年），桥长234米，桥面宽7.5米。桥下筑桥墩四座。每座桥墩都是用水泥铁柱和石块建筑而成的。在四个桥墩中，以靠黄河南岸的第二墩最高，从墩底到黄河水面高达5.44米。

兰州黄河铁桥

1954年，人们对兰州黄河铁桥进

177

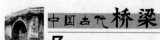

行了维修和加固，在原来的水平钢桁架上增加了钢筋混凝土板。从而使兰州黄河铁桥不但形态更美，而且大大提高了它的承重能力。初建时的兰州黄河铁桥只能通行载重在8吨以下的汽车。维修加固之后，载重量达20吨的汽车也能在铁桥上安全、顺利地通行。

兰州黄河铁桥在我国桥梁建筑史上具有重要意义。过去，我国修建桥梁使用的主要材料是石料、木料及少量砖料。在桥梁建筑中使用钢铁，也仅见于索桥，如四川都江堰的安澜桥、泸定县泸定桥等。而将钢铁大量用于建桥的主要材料，兰州黄河铁桥是第一个。因此，它揭开了我国建桥大量使用钢铁的新篇章，为我国桥梁建筑史树立了一座新的里程碑。

第三节
东北古桥

泼雪泉头曲拱桥——宁安大石桥

宁安大石桥是黑龙江省现存的唯一一座清代石拱桥。

大石桥位于黑龙江省东南部宁安县的鸡陵山下，横跨在一条大沟壑之上。在桥的东头有一眼泉水，名叫"泼雪泉"。泼雪泉涌出的泉流，就通过这条大沟向南流去，注入牡丹江。

据记载，宁安大石桥修建于后

宁安大石桥

金天聪八年（1634 年）。最初，这是一座木板桥，之后才改建成石拱桥。

　　宁安大石桥是一座单曲拱桥。桥长 25 米，桥面宽 4.5 米，桥高 7.3 米。全桥都是用石料砌筑而成。望柱的顶端雕刻成桃形，这和内地的单宝珠望柱柱头一脉相承。栏板上雕刻着草叶和卷云，使这座古桥带有浓厚的地方色彩。

辽宁省规模最大的古桥——沈阳永安石桥

　　永安石桥，又名"大石桥"，位于辽宁省沈阳市西郊，建成于清崇德六年（1641 年）。桥为东西走向，原横跨在蒲河之上，河道变迁后，现桥下仍有一条小溪流过。

　　永安石桥为三孔砖拱石桥，全长 37 米，宽 14.5 米。其桥面两侧，分别立有石雕望柱 19 根，望柱的顶端雕刻着许多形态各异、生动活泼的石狮子。望柱间安置着石栏板，石栏板上的花纹为柿蒂的形状。整个石桥建筑结构坚固，造型壮观，充分体现了我国古代桥梁的建筑风格。

　　永安桥是清初修筑盛京至北京大御路时建造的。迁都北京后，清朝皇帝

永安石桥

179

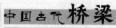
东巡过此桥时，每有诗赋留存。康熙皇帝二次东巡时曾在永安桥题诗一首：
"夹路风法宿雨消，十年曾此驻龙镳。春风城阙知非远，几处轻寒变柳条。"

永安石桥是辽宁省规模最大、保存最完好的一座古桥，现为省级文物保护单位。

掘开泥沙见古桥——凌源天盛号石桥

天盛号石桥是一座单孔石拱桥，它在造型上独树一帜，非常少见，在我国桥梁史上占有重要地位。

天盛号石桥位于辽宁省西部陵源县的天盛号村东面。始建于金世宗大定十年（1170年）。由于年代久远，天盛号石桥曾被泥沙埋没。1977年，当地农民在农田里发现了这座石桥，此后，人民政府拨出专款，在1979年对其进行了发掘，并于1980年进行了修复。现在，天盛号石桥又以它年轻的面貌重现于人们面前。

天盛号石桥桥身通常5米，桥面宽4.7米，跨度为2.9米。桥为东西走

天盛号石桥

向，横跨于渗津河上。这座石桥的桥面用石料铺成。每块石料均为扇形。全桥共有扇形石料90余块。石料之间以束腰形铁链固定，并用石灰勾缝，既结实又美观。

桥面左右两侧，各有望柱五根、栏板四块，形式古朴。

天盛号石桥的特殊之处在于它拥有上拱和下拱。上拱为半圆形，下拱为半椭圆形。这种同时拥有上、下拱的单孔石桥，是我国古代桥梁中的珍品。

在天盛号石桥南、北两侧的券面上，还用浮雕的手法刻出了朵朵莲花。生动华美的图案，为古老的石桥增添了秀丽的色彩。

图片授权

全景网

壹图网

中华图片库

林静文化摄影部

敬 启

　　本书图片的编选，参阅了一些网站和公共图库。由于联系上的困难，我们与部分入选图片的作者未能取得联系，谨致深深的歉意。敬请图片原作者见到本书后，及时与我们联系，以便我们按国家有关规定支付稿酬并赠送样书。

　　联系邮箱：932389463@qq.com

参考书目

1. 吴越．中国古桥．南昌：百花洲文艺出版社．2012.

2. 乔虹．中国古桥．合肥：黄山书社．2012.

3. 李晓杰．古桥谈往．长春：长春出版社．2012.

4. 崔存明．古桥．北京：国家行政学院出版社．2012.

5. 茅以升．桥梁史话．北京：北京出版社．2012.

6. 编委会．中国铁路桥梁史．北京：中国铁道出版社．2009.

7. 罗哲文柴福善．中华名桥大观．北京：机械工业出版社．2009.

8. 刘忠伟．燕赵古桥．北京：科学出版社．2009.

9. 王小兰．建筑文化解读丛书——桥．北京：中国人民大学出版社．2007.

10. 梁欣立．北京古桥．北京：北京图书馆出版社．2007.

11. 王稼句，张锡昌．江南古桥．上海：上海书店出版社．2004.

12. 盛洪飞．桥梁建筑美学．北京：人民交通出版社．2001.

中国传统风俗文化丛书

一、古代人物系列（9 本）
1. 中国古代乞丐
2. 中国古代道士
3. 中国古代名帝
4. 中国古代名将
5. 中国古代名相
6. 中国古代文人
7. 中国古代高僧
8. 中国古代太监
9. 中国古代侠士

二、古代民俗系列（8 本）
1. 中国古代民俗
2. 中国古代玩具
3. 中国古代服饰
4. 中国古代丧葬
5. 中国古代节日
6. 中国古代面具
7. 中国古代祭祀
8. 中国古代剪纸

三、古代收藏系列（16 本）
1. 中国古代金银器
2. 中国古代漆器
3. 中国古代藏书
4. 中国古代石雕
5. 中国古代雕刻
6. 中国古代书法
7. 中国古代木雕
8. 中国古代玉器
9. 中国古代青铜器
10. 中国古代瓷器
11. 中国古代钱币
12. 中国古代酒具
13. 中国古代家具
14. 中国古代陶器
15. 中国古代年画
16. 中国古代砖雕

四、古代建筑系列（12 本）
1. 中国古代建筑
2. 中国古代城墙
3. 中国古代陵墓
4. 中国古代砖瓦
5. 中国古代桥梁
6. 中国古塔
7. 中国古镇
8. 中国古代楼阁
9. 中国古都
10. 中国古代长城
11. 中国古代宫殿
12. 中国古代寺庙

五、古代科学技术系列（14 本）

1. 中国古代科技
2. 中国古代农业
3. 中国古代水利
4. 中国古代医学
5. 中国古代版画
6. 中国古代养殖
7. 中国古代船舶
8. 中国古代兵器
9. 中国古代纺织与印染
10. 中国古代农具
11. 中国古代园艺
12. 中国古代天文历法
13. 中国古代印刷
14. 中国古代地理

六、古代政治经济制度系列（13 本）

1. 中国古代经济
2. 中国古代科举
3. 中国古代邮驿
4. 中国古代赋税
5. 中国古代关隘
6. 中国古代交通
7. 中国古代商号
8. 中国古代官制
9. 中国古代航海
10. 中国古代贸易
11. 中国古代军队
12. 中国古代法律
13. 中国古代战争

七、古代文化系列（17 本）

1. 中国古代婚姻
2. 中国古代武术
3. 中国古代城市
4. 中国古代教育
5. 中国古代家训
6. 中国古代书院
7. 中国古代典籍
8. 中国古代石窟
9. 中国古代战场
10. 中国古代礼仪
11. 中国古村落
12. 中国古代体育
13. 中国古代姓氏
14. 中国古代文房四宝
15. 中国古代饮食
16. 中国古代娱乐
17. 中国古代兵书

八、古代艺术系列（11 本）

1. 中国古代艺术
2. 中国古代戏曲
3. 中国古代绘画
4. 中国古代音乐
5. 中国古代文学
6. 中国古代乐器
7. 中国古代刺绣
8. 中国古代碑刻
9. 中国古代舞蹈
10. 中国古代篆刻
11. 中国古代杂技